Research on the Relationship among Three Variables
Affecting College Teachers' Teaching Work

影响高校教师教学工作的三变量关系研究

郭亚 著

中国科学技术大学出版社

内 容 简 介

本书对高校组织管理气氛、教师教学效能感与教师工作满意度三者之间的关系进行了研究,并根据研究结果提出了通过改善高校组织管理气氛、增强教师教学效能感,以提高教师工作满意度的一些措施。本书采取量化研究和质性研究的研究方法,使研究更具针对性、实践性和创新性,具有较强的理论与实践意义。

本书可以供学校管理人员以及心理学、教育学、管理学等相关学科的师生及研究人员阅读参考。

图书在版编目(CIP)数据

影响高校教师教学工作的三变量关系研究/郭亚著. —合肥:中国科学技术大学出版社,2021.10

ISBN 978-7-312-05325-2

Ⅰ.影… Ⅱ.郭… Ⅲ.高等学校—教师—管理—研究 Ⅳ.G645.1

中国版本图书馆 CIP 数据核字(2021)第 201084 号

影响高校教师教学工作的三变量关系研究
YINGXIANG GAOXIAO JIAOSHI JIAOXUE GONGZUO DE SAN BIANLIANG GUANXI YANJIU

出版	中国科学技术大学出版社 安徽省合肥市金寨路96号,230026 http://press.ustc.edu.cn https://zgkxjsdxcbs.tmall.com
印刷	安徽省瑞隆印务有限公司
发行	中国科学技术大学出版社
经销	全国新华书店
开本	710 mm×1000 mm　1/16
印张	8.5
字数	147 千
版次	2021年10月第1版
印次	2021年10月第1次印刷
定价	45.00 元

前　　言

《国家中长期教育改革和发展规划纲要(2010—2020年)》指出:"百年大计,教育为本。教育是民族振兴、社会进步的基石,是提高国民素质、促进人的全面发展的根本途径,寄托着亿万家庭对美好生活的期盼。强国必先强教。优先发展教育、提高教育现代化水平,对实现全面建设小康社会奋斗目标、建设富强民主文明和谐的社会主义现代化国家具有决定性意义。"由此,我们可以看出教育具有举足轻重的地位。

高校是教育的重要阵地,高校教师是实施教育的重要人员。如果说中小学教师主要是传授学生基础知识,那么高校教师则更多是传授专业知识,而学生凭借此专业知识可以更好地提升自己并服务于社会,可见,高校教师在教育实践中具有不可或缺的作用。

高校教师主要通过教学工作进行传道、授业、解惑,服务学生,以体现自身的价值。而教师的教学受组织管理气氛、教师教学效能感和教师工作满意度等诸多因素的影响。组织管理气氛影响教师的工作满意度和心理健康,影响教师工作动机的激发,进而会影响其工作绩效;教师教学效能感对教师的教学行为、情绪调控和心理健康都会产生影响;教师工作满意度的高低会影响教师工作的积极性,影响其教学的投入度。因此,高校组织管理气氛、教师教学效能感与教师工作满意度是影响教师教学工作的三个重要变量。

目前,国内外尚无对高校组织管理气氛、教师教学效能感与教师工作满意度的关系的相关研究,对高校组织管理气氛、高校教师教学效能感的研究也较少。通过实证研究,厘清它们之间的关系,有利于更好地指导实践。因此,本书采用实证研究的方法,对高校组织管理气氛、教师教学效能感与教师工作满意度的关系进行了研究。

本书具有一定的理论意义和较强的实践意义,揭示了高校组织管理气氛、教师教学效能感与教师工作满意度的关系,尤其是教师教学效能感在高校组织管理气氛与教师工作满意度间的中介效应,具有一定的理论意义。同时,本书也具有较强的实践意义。管理者可以根据研究结果,通过改善高校组织管理气氛和增强教师教学效能感来提高教师工作满意度,进而确保高校管理工作和教师教学工作的稳步运行。

本书采取问卷法和访谈法,随机抽取了全国12所高校共570名教师的样本,回收有效问卷490份。在对收集的数据进行描述性统计、方差分析、相关分析和回归分析等工作后,得出了一些有意义的结论。

研究结果如下:

(1) 目前我国高校组织管理气氛、教师教学效能感与教师工作满意度的总体状况较好,但有待进一步提高。

(2) 不同学历的教师在管理风格的感知上存在显著差异;学历、教龄在管理风格的感知上存在显著的交互作用;不同职称的教师在以学生为中心的效能感上存在显著差异;不同教龄的教师在教育教学效能感上存在显著差异;不同职称的教师在福利收入满意度、进修提升满意度、工作环境满意度及满意度总体上存在显著差异;不同学历的教师在工作满意度及其因子上无显著性差异;不同教龄的教师在工作满意度及其因子上无显著性差异。

女教师在管理气氛及其各因子的知觉上显著高于男教师;理工科教师在管理气氛及其各因子的知觉上显著高于文科教师。女教师在课堂管理上的教学效能感显著高于男教师;理工科教师在教育教学实践效能感上显著高于文科教师。女教师的总体工作满意度显著高于男教师;理工科教师的总体工作满意度显著高于文科老师。

(3) 高校组织管理气氛、教师教学效能感与教师工作满意度三者间的总体及各因子之间相关显著。

（4）高校组织管理气氛对教师工作满意度的回归显著。管理秩序对工作本身、领导管理、工作环境的满意度回归显著；管理风格对领导管理、进修提升的满意度回归显著；管理伦理对工作本身、领导管理、进修提升的满意度回归显著；管理效能对工作本身、领导管理、人际关系、福利收入、进修提升、工作环境的满意度回归显著。

高校组织管理气氛对教师教学效能感的回归显著。管理秩序对以学生为中心效能感、课堂管理效能感回归显著；管理风格对教育教学实践效能感回归显著；管理效能对以学生为中心效能感、课堂管理效能感、教育教学实践效能感回归显著。

高校教师教学效能感对教师工作满意度的回归显著。以学生为中心的效能感对工作本身、领导管理、人际关系、福利收入、进修提升、工作环境的满意度回归显著；课堂管理的效能感对领导管理、人际关系的满意度回归显著；教育教学实践效能感对人际关系、福利收入、进修提升、工作环境的满意度回归显著。高校组织管理气氛、教师教学效能感对教师工作满意度的回归显著。

（5）教师教学效能感在高校组织管理气氛与教师工作满意度的部分中介效应显著。

本书根据研究结果，提出了通过改善高校组织管理气氛、增强教师教学效能感，来提高教师工作满意度的一些措施。

郭　亚

2021年5月10日于铜陵学院

目　录

前言 ·· (ⅰ)

1　文献综述 ··· (001)
　　1.1　学校组织管理气氛 ··· (003)
　　1.2　教师教学效能感 ··· (007)
　　1.3　教师工作满意度 ··· (011)
　　1.4　学校组织管理气氛、教师教学效能感与教师工作满意度的关系 ······ (015)
　　1.5　已有研究的不足 ··· (017)

2　三变量关系的问题提出 ··· (019)
　　2.1　问题的缘起 ··· (021)
　　2.2　研究思路与内容 ··· (022)
　　2.3　研究意义与创新 ··· (023)

3　三变量关系的研究设计和实施 ··································· (025)
　　3.1　研究目的 ··· (027)
　　3.2　研究假设 ··· (027)
　　3.3　研究工具 ··· (028)
　　3.4　施测与数据处理 ··· (029)
　　3.5　研究对象 ··· (030)

4 三变量关系的结果与分析 ··· (033)

  4.1 高校组织管理气氛、教师教学效能感与教师工作满意度的总体状况 ··· (035)

  4.2 三变量及其各因子在人口学上的差异情况 ········· (041)

  4.3 三变量相互之间的关系 ······························ (049)

5 三变量关系的讨论 ·· (059)

  5.1 高校组织管理气氛、教师教学效能感与教师工作满意度的总体状况 ··· (061)

  5.2 三变量及其各因子在人口学上的差异情况 ········· (063)

  5.3 三变量相互之间的关系 ······························ (066)

6 提高高校教师工作满意度的建议 ······························· (071)

  6.1 优化高校组织管理气氛 ······························ (073)

  6.2 提高高校教师的教学效能感 ·························· (090)

7 三变量关系的研究结论 ·· (111)

  7.1 结论 ·· (113)

  7.2 本书的不足 ··· (114)

  7.3 进一步研究方向 ······································· (115)

附录 高校教师工作情况的问卷 ·································· (116)

参考文献 ··· (123)

1 文献综述

学校组织管理气氛、教师教学效能感与教师工作满意度关系的研究状况如何，可以通过文献综述来了解，并且在此基础上提出研究问题及需要注意的一些地方。

1.1　学校组织管理气氛

1.1.1　组织气氛

组织气氛的概念源于1926年Tolman提出的有关环境"认知地图"的概念，此"认知地图"仅指个体知觉。Lewin在1952年进一步发展了这一概念，将其定义为个体共同的知觉或个体所形成的认知地图之间相似或相同的部分。早期的研究者们把组织气氛界定为组织成员知觉到的环境特征，而在随后的研究中，更多的是强调个体的知觉。尽管后来的研究者们对组织气氛有不同的定义，但基本上达成了这样的共识：组织气氛是组织成员们对于组织环境的主观知觉和描述，并成为组织中稳定的一部分。

组织气氛对员工心理（Kalhor，2018）、行为（He，2019）及绩效（Andersson，2020）产生影响。纵观组织气氛的研究，主要研究内容包括组织气氛的内涵、维度及其测量、作用以及影响因素。自20世纪90年代起，组织气氛的研究开始转向重点探讨关于组织内部的一些诸如组织管理气氛、服务气氛等具体气氛类型的问题（邓硕宁，张进辅，2007），并取得了一些成果。

1.1.2 学校组织气氛

1. 学校组织气氛的概念

由于学者认识的不同,学校组织气氛概念的侧重点不同。

(1) 强调其在学校间的差异性。Halpin(1966)最早将组织气氛概念引入学校组织的研究。他认为由于学校的气氛不同,不同学校给人的感觉各不相同;犹如人与人之间的不同,很大程度上是由于人格的不同。

(2) 强调其稳定性。Taguiri(1968)将学校气氛视为一种个体感受到的稳定的士气,这种士气能够影响个体的行为(James & Jones, 1974)。

(3) 强调其整体性。Schneider 和 Hall(1972)认为学校组织气氛是个体的总体认知,是先由个体对各个具体事件情况的认知,再在此基础上概括化而形成的。

(4) 综合性定义。综合性定义在此是指不再强调某一个方面,而是强调多个方面。随着研究的不断深入,越来越多的研究者采取综合性定义。林新发(1990)指出学校组织气氛是学校组织成员相互反应所形成的一种内在环境,是学校环境中较为稳定的特质,其可以为成员所知觉(潘孝富,孙银莲,2002)。潘孝富(2002)认为"学校组织气氛是学校整个组织成员与组织环境活动相互作用而形成的一种有别于其他学校的内在心理特征"。张跃刚(2005)指出"学校组织气氛是学校组织内部比较稳定的环境特征,体现为教师对学校组织整体环境的共享知觉或共同感受"。由于综合性定义涉及多个因素,因此显得相对全面,但不同学者给出的综合性定义也有很大不同。

综合上述观点可以看出,学校组织气氛的概念由于研究者的认识和研究需要,有着不同的理解,很难统一,此概念有待进一步探讨。

2. 学校组织气氛的测量

随着对学校组织气氛研究的不断深入,研究需要客观地测量学校组织气氛,从而更好地为实践服务。

Halpin 和 Croft(1962 年)编制了《组织气氛描述问卷》(简称"OCDQ"),该问卷从校长行为特征和教师行为特征两个方面描述学校组织气氛,问卷共有 64 题,测量分为校长行为的 4 个维度——疏远、强调成果、以身作则、关怀和教师行为的 4 个维度——离心、阻碍、士气、亲密,并把学校组织气氛划分为开放的、自主的、管束的、放任自流的、家长式的、闭锁的 6 种类型(Halpin,1966)。

G. Stern 和 C. Steihoff 在学校组织气氛的研究中,选择了 6 个维度——研究气氛、成就水平、实用性、支持性、情绪的控制、规范性来编制组织气氛指标(OCI)(唐京,应小萍,1996)。

Likert 由"管理四系统"理论着手编制了《学校剖析问卷》(POS),其包括领导过程、设置目标过程、激励力量、信息交流过程、互动作用、决策过程和掌控考核过程等 7 个维度(唐京,应小萍,1996)。

潘孝富(2002)编写的《初中学校的组织气氛量表》由学习气氛、教学气氛、管理气氛和人际气氛等 4 个分量表组成,涵盖以民主作风、制度健全、互助等 23 个维度,88 个项目,较为全面客观地反映了初中学校的组织气氛。

李晓巍等(2017)编制了《幼儿园组织气氛描述问卷》,其包括园长支持行为、园长监督行为、园长限制行为、教师敬业行为、教师亲密行为、教师疏离行为等 6 个维度。

综上所述,研究者们都通过一些具体维度对组织气氛进行测量,但由于研究者所处文化、研究角度、研究对象等存在差异,致使每个研究者确定的维度都难以统一,最后得出的学校组织气氛有关结果当然也存在诸多差异。究竟是哪些维度划分比较好,需要研究者在实践中进行信度、效度检验,甚至根据实际情境和研究需要重新确定。

3. 学校组织气氛的作用

学校组织气氛对学校效能产生影响。王立国、高畅(2000)指出,学校组织气氛可以通过学校领导方式、人际关系对学校管理效能产生影响。正是由于组织气氛对领导方式、人际关系、心理状态等的作用,使成员工作积极性受到影响,从而影响了学校效能。

学校组织气氛对教师的心理与行为产生影响。潘孝富等(2004,2006)的研究揭示了学校组织气氛对教师心理健康和工作满意度产生显著影响。蔡群青(2020)发现开放性的学校组织气氛能够积极影响教师的自我导向学习能力和教师创造性教学行为。因此,好的组织气氛必然能增强教师的心理健康和工作满意度,激发成员的工作积极性,改善其工作行为,从而提高其工作绩效。

学校组织气氛对学生的心理与行为产生影响。Riffe(1985)发现组织气氛中的教师的工作士气愈高,离心现象就愈低,学生的学习成绩也就愈高(曹艳琼,2002)。Nidich(1985)揭示了学校组织气氛对中学生社会行为产生影响,如教师间积极合作的精神会对学生社会行为产生好的影响(曹艳琼,2002)。潘孝富等(2001)通过回归分析发现,学校组织的健康状况可以有效预测学生心理健康的水平。从上述文献还可以看出,学校组织气氛是通过教师对学生的心理与行为产生影响的,因为教师是学校与学生间的直接桥梁。

4. 学校组织气氛的影响因素

国内外大量研究显示,影响学校组织气氛知觉的个体因素有年龄、性别、婚姻状况、学历、任教年限、职级、人格、任职部门、主动性状况等;影响学校组织气氛的组织因素有组织的结构、领导行为、组织大小、组织所在地等。研究者可以根据学校组织气氛的影响因素及其作用的内在机制,提出更好的措施改善学校组织气氛。

1.1.3 学校组织管理气氛

由于学校组织气氛的作用非常重要,越来越多的研究者对此进行了深入研究。同时,由于学校组织气氛涵盖范围非常广,限制了进一步研究,故有研究者对学校组织气氛进行细分。其中,学校组织管理气氛是学校组织气氛在管理层面上的体现。

目前,已有学者开始对学校组织管理气氛进行测量研究。潘孝富、孙银莲

(2002)将学校组织气氛分成管理气氛、教学气氛、学习气氛和人际气氛4个方面,并深入研究学校组织气氛的核心部分——学校组织管理气氛,且通过聚类分析得出学校组织管理气氛的6个维度——民主作风、管理系统性、人际领导、制度健全、关心体贴和领导威信。王婧(2007)从管理秩序、管理伦理、管理效能、管理风格4个维度对学校组织管理气氛进行测量。因为王婧研究的是高校组织管理气氛,与本书研究内容一致,且此种测量是经过信度、效度检验的,故本书中高校组织管理气氛的测量采用她划分的4个维度的方法。

国内外研究显示,学校组织管理气氛与教师工作绩效显著相关。邓卫国(2006)的实证研究发现:学校组织管理气氛是教师工作绩效的显著预测变量,是教师工作绩效的主要影响因素。由此可见,学校组织管理气氛会对教师工作绩效产生明显的影响,也是本研究选取它作为研究变量之一的原因。

综上,学校组织管理气氛的有关研究主要集中在组织气氛和学校组织气氛,学校组织管理气氛作为组织气氛的某一特定类型,虽已有研究者着手研究,但数量不多。关于这方面的研究会随着实践不断发展、深入。本书也是在实践推动下进行的深入研究。

1.2 教师教学效能感

1.2.1 教师教学效能感的研究概况

自从 Barfield 和 Burlingame、兰德研究小组及 Bandura 开展对教师教学效能感的研究以来,越来越多的学者对此展开了深入的研究。这些研究主要由 Rotter 的社会学习理论和 Bandura 的社会认知理论来支撑。后来的研究者,如 Tschannen-Moran 等人在此基础上提出了综合性的教师教学效能感研究模式。总的看来，国内外研究者主要围绕教师教学效能感的概念、结构、作用、影响因素等进行理论和实践研究。

1.2.2 教师教学效能感的概念

此概念来源于 Bandura(1977)的自我效能感。自我效能感是"指个人对自己在特定情景中，是否有能力去完成某个行为的期望"。众多学者从不同角度对教师教学效能感的概念加以界定。Ashton(1985)认为，"教师效能感是教师相信自己能够对学生学习产生积极影响的能力信念"。Hoover(1987)将教师效能感定义为："它是教师的一种信念，即教师的教学能力和知识能够影响和帮助学生的信念，反映了教师对自身教学能力的自信程度。"(俞国良，罗晓路，2000)Newman 等人(1989)提出，"教师教学效能感是指教师对于自己的教学是否能够引起学生成功学习和个人满足的一种知觉"。Simpson(1990)指出，"教师教学效能感包括两个方面，一是教师对宿命论的否定，相信学生的学习效果不是全部取决于其家庭、智商等不可控因素；二是相信自己有能力去影响学生的学习行为"(俞国良，罗晓路，2000)。俞国良、罗晓路(2000)认为"教学效能感是教师在教学活动中对其能有效地完成教学工作、实现教学目标的一种能力的知觉和信念"。

综合以上观点，可以看出教师教学效能感可以从多方面来理解：它是一种情感、一种认知，也是一种信念。这种情感充分反映了教师的主体性、创造性、积极性，促使教师以某种心理状态影响学生；这种认知是教师对自己教育、教学的全方位认识和判断；这种信念促使教师积极影响学生，使学生产生积极改变。

1.2.3 教师教学效能感的结构

研究者们采用因素分析等方法发现，教师教学效能感可以分为一般教育效能感和个人教学效能感两个方面。一般教育效能感是指教师对教和学的关系、教育在学生发展中的作用等问题的一般认知和评价（辛涛，1996）；个人教学效能感则是教师对自己的专业知识、教学水平、能力的信念和判断。这种结构与 Bandura 的自我效能理论和 Ashton 的教师教学效能感模型一致。也有一些研究者得出其他结构，如 Tschannen-Moran 等人（1998）提出教师教学效能感由以学生为中心效能感、教育教学实践效能感和课堂管理效能感三部分组成。

1.2.4 教师教学效能感的作用

1. 对教师教学行为的影响

教师教学效能感意味着对自己的信心程度，即对自己能力的认可程度，从而对教师教学行为产生影响。Woolfolk 等人（1990）发现，教学效能感高的教师有较强的管理能力，对学生更加友好、宽容，而那些教学效能感低的教师，认为学生必须受到控制，因而会采取更多的控制行为。俞国良（1999）研究发现，教学效能感较高的教师表现出较高的教学水平。李晔等（2000）对教师课堂教学行为进行了观察和分析，发现教学效能感高的教师与教学效能感低的教师在课堂提问的水平、课堂时间的安排、对学生的反馈方式等方面均存在差异；其研究还表明，教学效能感高的教师相对于教学效能感低的教师，前者的教学质量及学生的学习成绩要显著高于后者。郭睿（2017）揭示了个人教学效能感是教师职业倦怠三个维度的有效预测变量，个人教学效能感越强的教师越不容易出现职业倦怠行为。

2. 对教师心理健康的影响

在面对困难时，教师教学效能感高的教师由于自信心强，能够合理地调整自己的情绪，保持或促进心理健康，促使教学取得成功；而教师教学效能感低的教师由于信心不足，会造成更强烈的情绪反应，影响心理健康和课堂教学的有效进行。可见，教师教学效能感影响教师的情绪调控和心理健康。赵福菓等（2002）的研究表明教学效能感可以影响教师心理健康，他认为教师教学效能感至少在两个方面影响其心理健康:第一,其通过处理应激问题的能力会影响其心理健康,效能感高的教师相信自己能够有效控制潜在的应激源,他们便不会为应激所困;第二,效能感会对个人健康习惯的直接控制产生影响,效能感高的教师相信自己能够保持良好习惯,并相信此行为有利于自己的身心健康。

3. 对学生学习的影响

众多研究表明,教师教学效能感会影响学生的学习兴趣、学习动机、自我效能和情绪情感等,从而影响学生的学业成就。Woolfolk 等人(1990)发现,教师的一般教学效能感越高,学生的学习积极性就越大。马会军等(2003)提出了教师教学效能感会对师范生教学策略的掌握和自我效能感的教育信念的建立产生影响。Armor 等人(1976)认为,教师教学效能感一定程度上可以影响学生学习成绩的好坏。至于教师教学效能感如何影响学生的学习,主要通过教师的教学投入、态度、情绪感染、信念等来实现。

1.2.5 教师教学效能感的影响因素

综合国内外文献,影响教师教学效能感的因素有外部环境因素,也有教师个人因素。外部环境因素有学校、社会环境、学生及其家庭因素等(李星,2020;Tuan,2017;谢楠,2013);教师个人因素包括职称、教龄、年龄、学历、性别、学科种类、价值观、教学直接经验、自我认识、幽默感等(史少杰,周海涛,2016;韦油亮,张晓玲,2017;Brennan,1996;Choi,2018;Teri Evans-Palmer,2010)。研究者可以根据教师教学效能感的影响因素及其作用的内在机制,提出有效的措施,更好地提高教师教学效能感。

1.3 教师工作满意度

1.3.1 教师工作满意度的研究概况

1924年至1932年,著名的霍桑试验最先开始了对工作满意度的研究,它为有关工作满意度的研究提供了理论和方法论基础。工作满意度的研究发现:在关注工作满意度和工作绩效关系的同时,人们发现关注工作满意度具有更多的伦理学意义,而且工作满意度会影响到个体的身心健康、生活满意度、工作积极性以及留职或离职意向(Timothy,2001)。

教师工作满意度的研究是在工作满意度研究基础上发展起来的。Hoppock在1935年对工作满意度进行研究时,选取的对象就是教师,其后对教师群体的关注很少。直至20世纪60年代,对教师工作满意度的研究关注开始增多,在组织因素和个体因素上都有大量研究。国内关于教师工作满意度的研究开始较晚,出现于20世纪90年代,与国外相比,内容比较单一,研究成果也不够完善。

总的来说,国内外教师工作满意度的研究主要运用文献法对相关理论、概念以及研究等进行归纳分析、探讨,并在此基础上采取合适的方法进行实证研究。研究主要包括工作满意度的涵义、构成、影响因素、现状、测量等,取得了一系列成果。

1.3.2 工作满意度的涵义

研究者们大多从不同的角度对工作满意度进行研究,对工作满意度的界定也

有所不同,归纳起来有以下几种涵义:

1. 整体性涵义

工作满意度是工作者对工作环境及工作本身全部因素的综合的或整体的反应,是整体的工作满意度。这种涵义的特征在于认为工作满意度只是一个单一概念,并不涉及工作满意度的构成、形成的原因与过程。

2. 期望差距的涵义

工作满意度是工作者工作中的实际所得与预期所得之间的差距程度。差距越小,满意程度越高。

3. 参考架构性涵义

这种定义认为工作满意度是工作者对工作构成各方面的认知评价和情感反应,如对工作好坏的比较、领导管理、个人能力、人际关系等的评价和反应。

由于实际与期望之间的差距难以进行有效衡量,且用参考架构来衡量员工的工作满意度比使用整体性涵义更能了解工作者工作满意度的细节。所以,目前有关工作满意度的研究大多采用参考架构性涵义。

1.3.3 教师工作满意度的构成

关于教师工作满意度构成的划分,研究者在参考了一般工作满意度构成划分的基础上,结合教师工作的实际提出了不同的看法:Locke(1976)提出教师工作满意度的5个维度:工作本身、收入、提拔、接纳、工作环境;Rinehart 和 Short(1993)研究得出教师工作满意度的5个维度:工作付出、工作条件、工作动机、精神状态、学校结构(陈云英,孙绍邦,1994);陈云英和孙绍邦(1994)提出教师工作满意度由6因素构成:领导管理、物理条件、薪水、工作性质、人际关系、进修提升;冯伯麟(1996)通过因素分析得出教师工作满意度的5个维度:工作强度、领导关系、工资收入、自我实现和同事关系;周丽超(2004)提出教师工作满意度的5个维度:组织气氛、福利待遇、人际关系、实际工作条件、人才流动紧迫感;周艳丽和周珂(2003)把教师工作满意度分成学校条件、教学活动、领导与管理、自我实现与发展、待遇、社会支持、工作强度、同事等8个维度。以上研究者提出的教师工作满意度维度是不同的,这也可以从工作环境维度划分或命名的不同看出,如 Locke 明确提出了工作环境的维度,Rinehart 和 Short 将工作环境维度演变成工作条件和学校结构两个维度,而周艳丽和周珂将工作环境维度命名成学校条件、领导与管理、社会支持等维度。

不同研究对满意度构成的划分都有差异,究其原因可能是:其一,研究者概括归纳的能力和程度不同;其二,不同国家和地区的经济、文化不同;其三,不同学校的组织及组织管理不同。不同学校的研究者应该展开广泛调查,寻找适合各自学校教师工作满意度的构成因素,以测量出学校工作满意度现状,分析其原因,从而更好地予以改善。这也是研究教师工作满意度构成的目的所在。但目前缺乏公认的教师工作满意度的构成因素及其问卷,这也需要研究者们加强合作,组织更大规模的跨校、跨地区的调查并充分考虑经济、文化、组织等各种具体的情况。

1.3.4 影响教师工作满意度的因素

综合国内外文献,影响教师工作满意度的因素主要有人口学因素、组织因素、心理因素。人口学因素有年龄、教龄、性别、学历等;组织因素有组织的性质和大小、组织气氛、领导行为等;心理因素有人格、工作动机等。研究者可以根据教师工作满意度的影响因素及其作用的内在机制,提出有效的措施,更好地提高教师工作满意度。

1.3.5 教师工作满意度的现状

这些研究大多数是实证研究,需要具体问题具体分析,无论是从总体情况还是从具体某个层面,研究结论都很不一致,这可能与问卷、取样等不一致有关。但研究大都发现教师工作满意度还有待于进一步提高,甚至有的研究显示教师工作满意度总体倾向于不满意。这种情况本身也说明教师工作满意度研究的意义所在——发现存在的问题,为解决问题奠定基础。

1.3.6 教师工作满意度的测量

为了研究需要,一般要对教师工作满意度进行问卷测量。教师工作满意度的测量多采用两种评估方法:工作要素总和评分法和单一整体评估法。工作要素总和评分法是指对涉及工作满意度的各工作要素进行测量,并求得它们的和。这种方法从多个维度进行测量,题量较多,故较全面,精确性较强,但总体上的满意度并不知晓。单一整体评估法是指只用一个题目来测量总体的满意度。此法虽然能得出总体情况,但不知道各维度具体的情况,不利于工作满意度的提高。实际研究时,多数研究为得到全面、客观、有效的信息,汲取了两者长处,综合采取了两种方法。

国外较为著名的工作满意度测量量表有 Smith、Kendall 和 Hulin 编制的"工作满意度指数问卷"(Job Satisfaction Index,简称 JSI),由 Weiss,Dawis,England 和 Lofquist 编制的明尼苏达满意度量表(Minnesota Satisfaction Questionnaire,简称 MSQ)和波德需求满意度问题调查表(Porter Need Satisfaction Questionnaire,简称 NSQ)。国内外许多教师工作满意度的量表或直接选用或参考这些量表再结合实际情况修订而成;也有一些研究根据需要独自编写量表。不少研究者做相关研究时,将量表测量同观察法、访谈法等方法结合进行,得到了较全面的信息和数据里面实质性的内容。

1.4 学校组织管理气氛、教师教学效能感与教师工作满意度的关系

1.4.1 学校组织管理气氛与教师工作满意度的关系

对此二者间的关系,国内不少学者都进行了研究。曹艳琼(2002)在对澳门小学学校组织气氛与教师工作满意度的研究中发现:教师对学校组织气氛的感受与工作满意度的相关性显著,当教师感到校长关心教师,以及教师之间相互认可及支持,彼此建立起良好的人际关系,则对工作各方面均感到满意而且呈显著正相关;而对校长限制行为及教师的疏离行为的知觉与教师工作满意度呈显著负相关。赵铭锡(2014)揭示了幼儿园组织气氛与教师工作满意度呈显著相关性,教师的同事行为和园长的支持行为可显著预测教师工作满意度。潘孝富、秦启文(2006)在中学组织气氛与教师工作满意度的相关分析中揭示出:学校组织气氛各因子与其教师工作满意度除人际关系因子之外的各因子相关显著;学校组织气氛可以显著预测教师工作满意度的工作性质、领导管理、薪水、进修晋升和物质条件等因子。刘友女(2007)以宁波大学为例,研究得出组织气氛各维度和个体工作满意度呈显著正相关,组织气氛可以有效预测教职工对自身工作满意度的评价。石壮(2010)发现,中学组织管理气氛与教师工作满意度显著相关。以上文献可以看出无论中小学还是大学,学校组织气氛与教师工作满意度都显著相关。

从国外文献中也可以看出学校组织气氛影响教师工作满意度。美国国家教育统计中心(NCES)在1997年对美国教师工作满意度的研究指出,管理者的支持与领导、积极的学校氛围、学生的良好行为和教师拥有的自主权等可以影响教师工作满意度;Holdway(1978)的研究结果表明,教师对工作产生满意的因素多为工作本

身有关的内部因素,而教师的不满意多与一些诸如组织气氛等外部因素相关。

上述国内外文献并未直接研究高校组织管理气氛与高校教师工作满意度之间的关系。只有王婧(2007)的研究中明确阐述了两者关系:高校组织管理气氛与高校教师总体工作满意度之间显著正相关;高校组织管理气氛可以有效预测高校教师工作满意度。组织管理气氛可以通过管理制度、民主作风、人际关系等影响教师工作及其绩效,从而影响教师工作满意度。但研究者所取样本数相对较少,结论还需要本研究进一步验证。

1.4.2　教师教学效能感与教师工作满意度的关系

Trentham 等人(1985)的研究表明,教师效能感与其工作满意度相关。张萍(2007)在研究发现,中小学教师教学效能感与工作满意度显著正相关,同时教师教学效能感的两个维度对工作满意度的教学、同事、整体层面可以很好地预测。赵娜(2009)的研究揭示,特殊学校的教师教学效能感与工作满意度的正相关呈显著性,特殊学校教师的一般教学效能感对教师工作满意度具有正向预测作用。李永进(2016)揭示中学体育教师教学效能感能显著预测其工作满意度。万元婷(2020)研究发现,西藏中小学教师教学效能感显著正向预测职业满意度。

上述文献说明教师教学效能感与教师工作满意度至少是相关关系。教学效能感高的教师,同等条件下更愿意努力工作,其工作积极性高、工作绩效好,从而影响教师工作满意度。但以上文献没有涉及高校,只有陈凡(2014)提到,大学英语教师工作满意度和教学效能感显著正相关,但也只涉及大学英语教师,没有涉及其他学科教师。故两者关系在高校中如何,还需要更全面的检验。

1.4.3　学校组织管理气氛与教师教学效能感的关系

辛涛等(1994)从学校因素对教师教学效能感的影响方面着手进行了研究——学校制度的完整性、学校的支持系统和工作提供的发展条件等3类学校因素与教师的教学效能感之间的正相关呈显著性;学校制度的完整性、学校的支持系统、校风、工作提供的发展条件等6类因素与教师的个人教学效能感之间的正相关呈显著性。李晓巍等(2017)揭示了校长支持行为显著正向预测教师教学效能感。但这两个研究只是涉及学校组织管理气氛的部分因素,故没有得出学校组织管理气氛与教师教学效能感的全面而具体的关系。

张跃刚(2005)的研究直接涉及二者关系。他的研究显示,学校组织管理气氛与教师教学效能感及其各因子(个人教学效能感、一般教学效能感)有显著的正相关关系。由此可见,学校组织管理气氛可以影响教师教学效能感。管理者对教师能力的评价以及管理风格会影响教师的教学效能感,从而使得学校组织管理气氛与教师教学效能感具有相关关系。

然而,上述文献所取样本都不是高校教师,故二者关系在高校中如何,本书将进一步探索。

1.5 已有研究的不足

学校组织管理气氛、教师教学效能感与教师工作满意度的研究是一项应用研究,以往研究取得了一些研究成果,得出了一些有价值的结论,一方面丰富了理论研究,另一方面可以指导实践,为改善高校组织管理气氛、教师教学效能感和教师工作满意度提供指导和借鉴。但仍然存在许多不足之处和尚需继续探讨的问题。

因社会资源和经济资源有限,多数研究的被试取样范围较窄,样本量较小,跨学校、跨地区、跨文化的研究甚少,全国性的深入研究还不够;教师类别也有一定的局限,多数研究的对象局限于某一类型学校的教师;对同一问题,不同研究者的结果有的存在不一致现象,对于结论的推广需要审慎,仍需要今后做进一步的验证;多数研究的内容稍显单薄,大多研究的是一个或两个变量;研究方法不够全面,大多是简单的问卷法,缺少其他收集数据方法的有效使用,分析数据时较少运用多元统计方法;研究理念还需提高,许多研究未能得到有效、深入地开展;尤其需要注意的是,在研究目标上,以往研究没有直接研究高校组织管理气氛、教师教学效能感与教师工作满意度的关系,没有直接研究高校组织管理气氛对教师教学效能感的影响,没有直接研究高校教师教学效能感对教师工作满意度的影响,没有直接研究教师教学效能感作为学校组织管理气氛与教师工作满意度两个变量的中介变量情况。

以上这些不足是本书的研究重点,以往研究没有直接涉及本书的研究目标,是本书展开研究的重要原因。同时,以往研究可为本书提供重要参考。

2 三变量关系的问题提出

2.1 问题的缘起

2.1.1 基于教师专业化的思考

如何提高教师的专业程度？这不仅是教师的知识储备，更多的还是专业知识之外的素质及心理状态（如教师教学效能感、教师工作满意度）的改善。因此，研究高校组织管理气氛、教师教学效能感与教师工作满意度的关系，有利于教师心理状态的改善，有利于促进教师专业化的发展，有利于教师工作积极性和高等教育质量的提高。

2.1.2 基于高等教育教学现实的思考

高等教育大众化，使先前的教学理念受到冲击，高校教师面对水平参差不齐的学生，如何提高自己的教学水平，如何评价自己的教学效能感与工作满意度，都对教师工作的积极性有巨大影响。因此，研究高校组织管理气氛、教师教学效能感与教师工作满意度的关系，有利于教师教学效能感与教师工作满意度的提高，有利于高等教育教学的完善，有利于学生获取知识、提升能力。

2.1.3 基于高等教育管理现代化的思考

如何提高教师工作积极性，一直是管理者和学者的关注所在。影响教师工作积极性的因素有很多，其中，高校组织管理气氛、教师教学效能感与教师工作满意度是三个重要因素。探讨三者关系，尤其是高校组织管理气氛对教师教学效能感与教师工作满意度的影响,能够使管理者认识到自己对教师工作的影响,从而提高管理水平,改善组织管理气氛,并采取一些措施以满足教师的合理需要,提高教师教学效能感与教师工作满意度,激发教师的工作积极性。

2.1.4 基于理论空白

从文献综述可以看出,以往研究没有直接研究高校组织管理气氛、教师教学效能感与教师工作满意度的关系。本书丰富了三者的理论研究,是指导实际工作有力的理论工具。

2.2 研究思路与内容

2.2.1 研究思路

通过文献综述,确定以往研究的空白之处,同时结合研究的实践价值确定此次的研究问题。本书拟从相关测量量表的修订和测量出发,以大学教师为研究对象,探讨高校组织管理气氛、教师教学效能感与教师工作满意度的关系。

2.2.2 研究内容

本书拟研究高校组织管理气氛、教师教学效能感与教师工作满意度的关系,具体分为5个问题。

(1) 高校组织管理气氛的感知、教师教学效能感与教师工作满意度的总体状况及其在本书选择的人口统计学变量(职称、学位、教龄、性别等)上存在的差异情况。

（2）高校组织管理气氛与教师教学效能感的关系。

（3）教师教学效能感与教师工作满意度的关系。

（4）高校组织管理气氛与教师工作满意度的关系。

（5）教师教学效能感对高校组织管理气氛与教师工作满意度的中介作用程度。

2.3 研究意义与创新

2.3.1 研究意义

教师是一个特殊群体，教育是培养人才的一个不可缺少的重要环节。国内外对教师方方面面的研究一直在进行。其中，教师教学效能感、教师工作满意度以及对其产生影响的组织管理气氛始终是研究关注点之一。本书选择高等教育（高校教师以及高校组织）作为研究背景，主要是因为以此为背景的研究不多，且高等教育是培养人才的最关键环节。不仅如此，本书将高校组织管理气氛、教师教学效能感与教师工作满意度的关系作为研究目标，是以往研究所未有的，无疑具有重要的理论意义。同时，本书也具有很强的实践意义，可以更好地为改善高校组织管理气氛、增强教师教学效能感以及提高教师工作满意度服务。

2.3.2 研究创新点

将高校组织管理气氛、教师教学效能感与教师工作满意度的关系作为研究内容是以往研究未有的；研究高校组织管理气氛对教师教学效能感的影响也是前所未有的;以往研究并未关注高校教师教学效能感对教师工作满意度的影响;研究教师教学效能感作为高校组织管理气氛与教师工作满意度两个变量的中介变量情况,是本书的特色之处;本书得出的研究结果不仅丰富了理论研究,还可以指导实践,为改善高校组织管理气氛、教师教学效能感和教师工作满意度提供指导和借鉴。

3

三变量关系的研究设计和实施

3.1 研究目的

本书的研究目的主要是揭示高校组织管理气氛、教师教学效能感与教师工作满意度的关系。

3.2 研究假设

本书从研究目的着手,根据相关文献和理论,参考以往研究,特提出以下假设:

假设1:高校组织管理气氛、教师教学效能感与教师工作满意度的总体状况较好。

假设2:高校组织管理气氛的感知、教师教学效能感与教师工作满意度在本书选择的人口统计学变量(职称、学位、教龄、性别等)上存在显著差异。

假设3:高校组织管理气氛、教师教学效能感与教师工作满意度三者的总体及各因子相互之间显著相关。

假设4:高校组织管理气氛及各因子对教师教学效能感及各因子有显著预测作用;教师教学效能感及各因子对教师工作满意度及各因子有显著预测作用;高校组织管理气氛及各因子对教师工作满意度及各因子有显著预测作用;高校组织管理气氛、教师教学效能感对教师工作满意度有显著预测作用。

假设5:教师教学效能感对高校组织管理气氛与教师工作满意度具有部分中介作用。

3.3 研究工具

3.3.1 高校组织管理气氛量表

采用王婧(2007)编制的《高校组织管理气氛测量量表》(见附录问卷第二部分)。该量表共包含19个项目,分为管理秩序、管理风格、管理伦理、管理效能4个维度,所包含的题目数分别为5、5、4、5;每个题目包含一句陈述句,其后有"从来不是、很少是、有时是、经常是、频繁是"五个程度,分别按"1,2,3,4,5"计分。其中,7道题反向记分。

量表具有良好的信效度指标。该量表经过拟合度检验,拟合优度指数(Goodness of Fit Index,GFI)、调整拟合优度指数(Adjusted Goodness of Fit Index,AGFI)、规范拟合指数(Normed Fit Index,NFI)、非规范拟合指数(Non-Normed Fit Index,NNFI)、比较拟合指数(Comparative Fit Index,CFI)、增量拟合指数(Incremental Fit Index,IFI)数值分别为0.93、0.92、0.91、0.92、0.91、0.93,近似均方根误差(Root Mean Square Error of Approximation,RMSEA)为0.057,说明结构效度较好;该量表的内在一致性系数为0.937,分半相关系数为0.859,说明信度较好。

3.3.2 教师教学效能感量表

采用薛莲(2005)编制的《大学教师教学效能感量表》(见附录问卷第四部分)。此量表包括以学生为中心效能、课堂管理效能和教育教学实践效能三个分量表,三者相加合成为总的教学效能量表。量表共19道题,以学生为中心效能8道题,课堂管理效能6道题,教育教学实践效能5道题。采用从"1—毫无影响""2—较小程度上""3——定程度上""4—较大程度上""5—很大程度上"的五等级评定。

研究表明这个量表具有较高的信效度。该量表从方差分解表和碎石图可以看出,大学教师教学效能感很清晰的由三个因子构成,三因子累计贡献率为0.46681;该量表的总体及各因子的内在一致性系数分别为 0.8934、0.8117、0.7527、0.7359。本次测量在以学生为中心效能、课堂管理效能、教育教学实践效能、总量表的内在一致性信度分别为 0.8563、0.6568、0.7613、0.8939,因此是有效问卷。

3.3.3 教师工作满意度量表

采用于辉(2007)编制的《高校教师工作满意度调查问卷》(见附录问卷第三部分),该问卷有6个维度,分别是领导管理、福利收入、工作本身、工作环境、人际关系和进修提升。问卷共32道题,采用4点计分法:1分为完全不符合;2分为不太符合;3分为比较符合;4分为完全符合。反向题则反向记分。

问卷具有良好的信效度指标。问卷各因子平均分之间的相关性,明显低于问卷的各因子平均分与问卷总均分之间的相关性,以及效标关联效度为 $0.641(P<0.01)$;该量表的内在一致性系数为0.910。本次测量在领导管理、工作本身、人际关系、福利收入、进修提升、工作环境和总量表的内在一致性信度分别为 0.7776、0.5556、0.6973、0.8094、0.7362、0.7308、0.9214,因此是有效问卷。

3.4 施测与数据处理

问卷调查主要采取集体施测的方式收集数据,正式答题前,先由主试宣读指导语,并强调该问卷是匿名施测,且结果绝对保密,不会对个人及单位造成任何影响,作答完毕后由主试当场收回。收集上来的数据经过检查、剔除无效数据后,采用

SPSS 11.0 软件进行方差分析、相关分析、回归分析等处理。

3.5 研究对象

随机抽取了全国 12 所高校共 570 个样本,回收有效问卷 490 份。这 12 所高校分别是南京大学、苏州大学、安徽师范大学、安庆师范大学、铜陵学院、德州学院、巢湖学院、皖西学院、北京教育学院、苏州经贸职业技术学院、焦作师范高等专科学校、铜陵职业技术学院。综合性大学有南京大学、苏州大学、安徽师范大学、安庆师范大学,一般本科学院有铜陵学院、德州学院、巢湖学院、皖西学院,专科学校有焦作师范高等专科学校,职业技术学院有苏州经贸职业技术学院、铜陵职业技术学院,成人高等师范学校有北京教育学院。从中可以看出,取样选择的学校比较合理,涉及多种类型,比较符合客观现实,有利于客观地进行研究。

因为教龄、职称、学历等因素最能影响或反映教师工作的人口学变量,性别、学科是教师最基本的人口学变量,故取样时兼顾了这些因素。样本的基本人口资料如表 3.1 所示,从此表可以看出,本次测量的样本分布符合客观现实,比较合理。

表 3.1　样本的基本人口资料统计表

类别	项目	人数	百分比(%)
职称	教授	58	11.8
	副教授	127	25.9
	讲师	233	47.6
	助教	72	14.7

续表

类别	项目	人数	百分比(%)
职称	1～3 年(教龄 1)	92	18.8
	4～6 年(教龄 2)	76	15.5
	7～10 年(教龄 3)	118	24.1
	11～18 年(教龄 4)	95	19.4
	19～25 年(教龄 5)	73	14.9
	26 年以上(教龄 6)	36	7.3
性别	男	263	53.7
	女	227	46.3
学历	本科(含本科以下)	141	28.8
	硕士	257	52.4
	博士	92	18.8
所教学科	文科	239	48.8
	理工科	251	51.2

4

三变量关系的研究结果与分析

4.1 高校组织管理气氛、教师教学效能感与教师工作满意度的总体状况

4.1.1 高校组织管理气氛的总体状况

本问卷采用的是5点计分法,3分为理论上中等强度的观测值,故从表4.1可以看出无论是总量表还是各因子均高于中等强度值,说明高校组织管理气氛尚可。但在各因子相互比较中,管理效能、管理风格、管理伦理相对较差,管理秩序相对较好。

表4.1 组织管理气氛及其各因子平均值及标准差

	组织管理气氛	管理秩序	管理风格	管理伦理	管理效能
平均值	3.38	3.58	3.34	3.37	3.24
标准差	0.61	0.68	0.61	0.78	0.75

在问卷的各项目统计上(见表4.2),分值相对较低的项目主要集中在管理风格、管理效能等敏感问题上。尤其在"管理中干群关系"(项目A10)的得分平均值只有2.93分,略低于中等强度值,在所有项目中得分最差,说明领导的亲和力还需进一步加强。另外,"学校领导在做决策的时候会征求大家的意见"(项目A9)得分次低,说明领导者在这一方面也需要提高。

表4.2 高校组织管理气氛问卷各项目统计

项目	有效样本	最小值	最大值	平均数	标准差
A10	490	1.00	5.00	2.93	0.87
A9	490	1.00	5.00	3.12	0.98
A15	490	1.00	5.00	3.17	0.98
A19	490	1.00	5.00	3.18	1.05
A13	490	1.00	5.00	3.18	1.07
A18	490	1.00	5.00	3.26	0.90
A17	490	1.00	5.00	3.29	0.98
A16	490	1.00	5.00	3.29	0.87
A6	490	1.00	5.00	3.30	1.05
A11	490	1.00	5.00	3.36	1.01
A14	490	1.00	5.00	3.46	0.97
A5	490	1.00	5.00	3.47	0.93
A12	490	1.00	5.00	3.49	1.04
A2	490	1.00	5.00	3.49	0.83
A8	490	1.00	5.00	3.49	0.98
A3	490	1.00	5.00	3.56	1.03
A1	490	1.00	5.00	3.65	0.84
A4	490	1.00	5.00	3.71	0.84
A7	490	1.00	5.00	3.85	0.92

4.1.2 教师教学效能感的总体状况

从表 4.3 可以看出无论是总量表还是各因子均高于 3.4 分,明显高于中等强度值 3 分,说明高校教师教学效能感良好。但在各因子相互比较中,以学生为中心效能感、教育教学实践效能感相对较差,且低于总量表平均值;课堂管理效能感相对较好。

表 4.3 教师教学效能感及其各因子均值及标准差

	教学效能感	以学生为中心	课堂管理	教学实践
平均值	3.51	3.44	3.67	3.44
标准差	0.52	0.56	0.65	0.56

在问卷的各项目统计上(见表 4.4),各项目均高于中等强度值分值;相对较低的项目主要集中在"使班级学习最感困难的学生获得成功""教学评估策略""开设一些使学生感兴趣的课程""提高一个失败的学生的认识""调整课程的水平";得分较高的项目集中在"使学生相互尊重""纪律管理"等课堂管理上。

表 4.4 教师教学效能感问卷各项目统计

项目	有效样本	最小值	最大值	平均值	标准差
C1	490	1.00	5.00	3.33	0.80
C15	490	1.00	5.00	3.36	0.78
C7	490	1.00	5.00	3.37	0.87
C12	490	1.00	5.00	3.38	0.81
C14	490	1.00	5.00	3.39	0.79
C4	490	1.00	5.00	3.40	0.82

续表

项目	有效样本	最小值	最大值	平均值	标准差
C2	490	1.00	5.00	3.40	0.77
C10	490	1.00	5.00	3.43	0.76
C9	490	1.00	5.00	3.45	0.80
C3	490	1.00	5.00	3.50	0.83
C17	490	1.00	5.00	3.52	0.75
C16	490	1.00	5.00	3.57	0.74
C6	490	1.00	5.00	3.58	0.95
C5	490	1.00	5.00	3.59	0.78
C11	490	1.00	5.00	3.60	0.78
C18	490	1.00	5.00	3.65	0.87
C8	490	1.00	5.00	3.66	0.71
C13	490	1.00	5.00	3.70	0.81
C19	490	1.00	5.00	3.82	0.78

4.1.3 教师工作满意度总体状况

本问卷采用的是4点计分法,2.5分为理论上中等强度的观测值,故从表4.5可以看出满意度在"人际关系"这个指标上明显高于中等强度值,"领导管理""进修提升""工作环境"略高于中等强度值,"工作本身"略低于中等强度值,"福利收入"最差且明显低于中等强度值。从总体上看,高校教师工作满意度略高于中等强度值,大部分教师较满意,但还有待于进一步提高。

表 4.5 教师工作满意度及其各因子平均值及标准差

	满意度	工作本身	领导管理	人际关系	福利收入	进修提升	工作环境
平均值	2.53	2.44	2.52	2.88	2.27	2.54	2.54
标准差	0.42	0.45	0.51	0.45	0.63	0.59	0.48

在问卷的各项目统计上(见表 4.6),平均分低于中等强度值有 14 个,主要表现在以下方面:"福利收入""工作压力""建议落实""教师地位""教学设备""办公环境""图书馆资料""外出进修"而在"人际关系""职业厌倦""学校声誉"等方面有较好得分。

表 4.6 教师工作满意度问卷各项目统计

项目	有效样本	最小值	最大值	平均数	标准差
B3	490	1.00	4.00	2.03	0.78
B30	490	1.00	4.00	2.04	0.71
B21	490	1.00	4.00	2.18	0.83
B17	490	1.00	4.00	2.32	0.70
B14	490	1.00	4.00	2.38	0.79
B1	490	1.00	4.00	2.39	0.77
B16	490	1.00	4.00	2.40	0.71
B24	490	1.00	4.00	2.41	0.82
B9	490	1.00	4.00	2.43	0.77
B29	490	1.00	4.00	2.46	0.86
B6	490	1.00	4.00	2.47	0.72
B12	490	1.00	4.00	2.49	0.79

续表

项目	有效样本	最小值	最大值	平均数	标准差
B19	490	1.00	4.00	2.49	0.77
B15	490	1.00	4.00	2.50	0.72
B4	490	1.00	4.00	2.51	0.77
B10	490	1.00	4.00	2.54	0.81
B28	490	1.00	4.00	2.56	0.92
B13	490	1.00	4.00	2.57	0.70
B25	490	1.00	4.00	2.58	0.80
B8	490	1.00	4.00	2.58	0.70
B5	490	1.00	4.00	2.59	0.77
B18	490	1.00	4.00	2.66	0.70
B23	490	1.00	4.00	2.67	0.66
B2	490	1.00	4.00	2.74	0.63
B7	490	1.00	4.00	2.76	0.69
B20	490	1.00	4.00	2.77	0.76
B26	490	1.00	4.00	2.80	0.62
B27	490	1.00	4.00	2.84	0.64
B31	490	1.00	4.00	3.20	0.58

4.2 三变量及其各因子在人口学上的差异情况

4.2.1 三变量及其各因子在职称、学历、教龄上的差异情况

经过多因素方差分析(见表4.7),在组织管理气氛问卷中,不同学历的教师在管理风格的感知上存在显著差异($F(2,487)=4.20, P<0.05$),多重比较后,数值从高到低依次为博士、硕士、本科;学历、教龄在管理风格的感知上存在显著的交互作用($F(10,472)=2.07, P<0.05$),具体为本科学历的教师在管理风格的感知上教龄1>教龄2、教龄4、教龄5,教龄1的教师在管理风格的感知上本科>硕士(数值从高到低依次为本科、博士、硕士),教龄5的教师在管理风格的感知上博士>本科(数值从高到低依次为博士、硕士、本科)。

表4.7 职称、学历、教龄在管理气氛上的多因素方差分析

	管理秩序	管理风格	管理伦理	管理效能	管理气氛总体
职称	2.09	0.11	0.74	1.29	0.89
学历	0.52	4.20*	0.57	0.78	1.49
教龄	0.45	0.57	0.70	0.95	0.73
职称*学历	1.13	0.90	1.16	0.48	0.94
职称*教龄	0.85	0.79	0.67	0.41	0.61
学历*教龄	1.16	2.07*	1.12	1.15	1.47
职称*学历*教龄	1.27	1.63	1.09	1.13	1.26

表中右侧数字中*表示在0.05水平上呈显著性差异(后同)。
表中左侧文字中*表示交互作用(后同)。

经过多因素方差分析(见表4.8),在教师教学效能感问卷中,不同职称的教师在以学生为中心效能感上存在显著差异$[F(3,486)=2.90, P<0.05]$,多重比较后,数值从高到低依次为教授、副教授、讲师、助教;不同教龄的教师在教育教学效能感上存在显著差异$[F(5,484)=3.44, P<0.01]$,多重比较后具体为教龄6>教龄5、教龄2、教龄1,教龄4>教龄2、教龄1,教龄3>教龄1(数值从高到低依次为教龄6、教龄4、教龄3、教龄5、教龄2、教龄1)。

表4.8 职称、学历、教龄在教师教学效能感上的多因素方差分析

	以学生为中心	课堂管理	教育教学实践	效能感总体
职称	2.90*	0.57	1.10	1.50
学历	0.59	0.14	0.02	0.20
教龄	1.24	0.32	3.44**	1.20
职称*学历	1.37	0.20	0.71	0.75
职称*教龄	1.14	0.35	1.07	0.69
学历*教龄	1.24	0.66	1.64	1.18
职称*学历*教龄	0.91	0.58	1.03	0.85

表中右侧数字中**表示在0.01水平上呈显著性差异。(后同)

经过多因素方差分析(见表4.9),在教师工作满意度问卷中,不同职称的教师在"福利收入满意度""进修提升满意度""工作环境满意度"及"满意度总体"上存在显著差异(F值分别为9.32、4.36、4.02、4.99,P值均小于0.01)。多重比较显示,不同职称的教师在"福利收入满意度"上,数值从高到低依次为教授、副教授、助教、讲师;不同职称的教师在"进修提升满意度"上,数值从高到低依次为教授、副教授、助教、讲师;不同职称的教师在"工作环境满意度"上,数值从高到低依次为教授、副教授、助教、讲师;不同职称的教师在"满意度总体"上,数值从高到低依次为教授、副教授、助教、讲师,见表4.10。另外,教师工作满意度及其因子在学历、教龄上均

无显著性差异。

表4.9 职称、学历、教龄在教师工作满意度上的多因素方差分析

	工作本身	领导管理	人际关系	福利收入	进修提升	工作环境	满意度总体
职称	2.49	2.05	0.56	9.32**	4.36**	4.02**	4.99**
学历	0.07	0.73	1.05	0.27	1.32	1.95	0.96
教龄	1.16	0.94	0.74	0.89	1.78	1.41	1.28
职称*学历	0.76	0.24	0.17	0.49	0.63	0.72	0.20
职称*教龄	0.93	0.87	1.01	0.65	1.02	0.95	0.85
学历*教龄	1.00	1.36	1.08	1.14	1.66	1.61	1.57
职称*学历*教龄	0.51	1.59	1.07	0.74	0.90	0.62	0.77

表4.10 不同职称的教师工作满意度状况

因子	职称	样本	平均数	标准差
满意度总体	教授	58	80.48	11.17
	副教授	127	74.41	13.42
	讲师	233	70.80	10.95
	助教	72	74.00	11.28
福利收入	教授	58	10.95	2.16
	副教授	127	9.46	2.67
	讲师	233	8.48	2.32
	助教	72	8.81	2.38
进修提升	教授	58	11.22	2.04
	副教授	127	10.55	2.70

续表

因子	职称	样本	平均数	标准差
进修提升	讲师	233	9.66	2.25
	助教	72	10.36	1.85
工作环境	教授	58	19.79	3.20
	副教授	127	18.12	3.82
	讲师	233	17.13	3.01
	助教	72	17.49	3.09

4.2.2 三变量及其各因子在学科、性别上的差异情况

经过多因素方差分析,在组织管理管理气氛及其各因子上,性别与学科无显著的交互作用;进行主效应检验,不同性别的教师在管理气氛及其各因子(管理秩序、管理风格、管理伦理、管理效能)的知觉上有显著性差异,P 值均小于 0.05,均是女性高于男性(见表 4.11);不同学科的教师在管理气氛及其各因子的知觉上均有显著性差异,均是理工科教师高于文科教师(见表 4.12)。

表 4.11 不同性别的高校教师对组织管理气氛的知觉

因子	性别	样本	平均数	标准差	F	P
总体	男	263	62.81	12.34	8.83**	0.00
	女	227	65.92	10.60		
管理秩序	男	263	17.50	3.67	7.20**	0.01
	女	227	18.32	2.99		
管理风格	男	263	16.45	3.18	3.83*	0.04
	女	227	16.99	2.93		

续表

因子	性别	样本	平均数	标准差	F	P
管理伦理	男	263	13.13	3.19	7.41*	0.01
	女	227	13.89	3.00		
管理效能	男	263	15.73	3.92	8.67**	0.00
	女	227	16.71	3.44		

表4.12 不同学科的高校教师对组织管理气氛的知觉

因子	性别	样本	平均数	标准差	F	P
总体	文科	239	62.38	10.73	12.25**	0.00
	理工科	251	66.03	12.24		
管理秩序	文科	239	17.55	3.19	4.54*	0.03
	理工科	251	18.20	3.56		
管理风格	文科	239	16.15	3.00	15.13**	0.00
	理工科	251	17.22	3.05		
管理伦理	文科	239	13.00	2.94	11.44**	0.00
	理工科	251	13.94	3.22		
管理效能	文科	239	15.68	3.51	8.71**	0.00
	理工科	251	16.67	3.88		

经过多因素方差分析,在教师教学效能感及其各因子上,性别与学科无显著的交互作用;进行主效应检验,不同性别教师的教学效能感只在课堂管理因子上呈显著性差异(女教师在课堂管理上的教学效能感显著高于男教师),$F(1,486)=4.59,P<0.05$(见表4.13);不同学科的教师在教学效能感整体及其各因子上的得分均是理工科比文科教师高,但只在教育教学实践因子上有显著性差异,$F(1,$

486)=4.18,$P<0.05$(见表4.14)。

表4.13 不同性别的高校教师的教学效能感状况

因子	性别	样本	平均数	标准差	F	P
总体	男	263	66.38	9.94	0.56	0.45
	女	227	67.05	9.97		
学生为中心	男	263	27.50	4.50	0.01	0.93
	女	227	27.46	4.52		
课堂管理	男	263	21.64	3.50	4.59*	0.03
	女	227	22.40	4.33		
教育教学实践	男	263	17.24	2.89	0.04	0.84
	女	227	17.19	2.77		

表4.14 不同学科的高校教师的教学效能感状况

因子	学科	样本	平均数	标准差	F	P
总体	文科	239	65.83	8.99	3.50	0.06
	理工科	251	67.51	10.74		
学生为中心	文科	239	27.22	4.24	1.61	0.21
	理工科	251	27.73	4.74		
课堂管理	文科	239	21.67	3.31	3.29	0.07
	理工科	251	22.31	4.40		
教育教学实践	文科	239	16.95	2.61	4.18*	0.04
	理工科	251	17.47	3.00		

经过多因素方差分析,在教师工作满意度及其各因子上,性别与学科无显著

的交互作用;进行主效应检验,不同性别教师的工作满意度整体上有显著性差异,其中在工作本身、领导管理、人际关系、福利收入上有显著性差异,均是女性高于男性(见表4.15);不同学科的教师在工作满意度总体及领导管理、人际关系、福利收入、进修提升、工作环境上均有显著性差异,均是理工科高于文科教师(见表4.16)。

表4.15 不同性别的教师工作满意度状况

因子	性别	样本	平均数	标准差	F	P
总体	男	263	71.94	12.39	7.90*	0.01
	女	227	74.99	11.50		
工作本身	男	263	11.84	2.24	16.01**	0.00
	女	227	12.64	2.16		
领导管理	男	263	12.25	2.66	12.32**	0.00
	女	227	13.05	2.38		
人际关系	男	263	11.35	1.91	4.57*	0.03
	女	227	11.70	1.68		
福利收入	男	263	8.87	2.58	3.73*	0.04
	女	227	9.31	2.45		
进修提升	男	263	10.08	2.45	1.02	0.31
	女	227	10.30	2.25		
工作环境	男	263	17.55	3.40	2.08	0.15
	女	227	17.99	3.33		

表 4.16 不同学科的教师工作满意度状况

因子	学科	样本	平均数	标准差	F	P
总体	文科	239	71.55	10.67	10.64**	0.00
	理工科	251	75.07	13.06		
工作本身	文科	239	12.08	2.13	1.59	0.21
	理工科	251	12.34	2.33		
领导管理	文科	239	12.18	2.36	14.43**	0.00
	理工科	251	13.04	2.68		
人际关系	文科	239	11.31	1.69	5.62*	0.02
	理工科	251	11.70	1.91		
福利收入	文科	239	8.78	2.37	6.33*	0.01
	理工科	251	9.35	2.65		
进修提升	文科	239	9.82	2.20	11.08**	0.00
	理工科	251	10.52	2.46		
工作环境	文科	239	17.38	2.99	5.95*	0.02
	理工科	251	18.11	3.66		

4.3 三变量相互之间的关系

4.3.1 高校组织管理气氛与教师工作满意度的关系

1. 高校组织管理气氛与教师工作满意度的相关性

对高校组织管理气氛、教师教学效能感与教师工作满意度两两进行积差相关分析,结果如表 4.17 所示。

表 4.17 高校组织管理气氛、教师教学效能感与教师工作满意度的积差相关性

	组织管理气氛	教师教学效能感
教师教学效能感	0.41*	
教师工作满意度	0.75**	0.51**

积差相关系数为 0.75,且呈显著性,数据表明:高校组织管理气氛与教师工作满意度相互之间存在显著的正相关。

2. 高校组织管理气氛对教师工作满意度的回归分析

以高校组织管理气氛为自变量,教师工作满意度为因变量,经过一元线性回归分析,结果如表 4.18 所示。

表 4.18　高校组织管理气氛对教师工作满意度的回归分析

	高校教师工作满意度				
	R^2	F	β	t	p
组织管理气氛	0.56	610.92	0.75**	24.72	0.00

标准化回归系数为 0.75，在 0.01 水平上呈显著性，这说明：高校组织管理气氛对教师工作满意度的回归显著，即良好的高校组织管理气氛更容易激发出较好的教师工作满意度。

2. 高校组织管理气氛与教师工作满意度两者的各因子之间的相关性

对高校组织管理气氛与教师工作满意度两者的各因子进行积差相关分析，结果如表 4.19 所示。

表 4.19　组织管理气氛与教师工作满意度两者的各因子之间的相关性

	管理秩序	管理风格	管理伦理	管理效能
工作本身	0.46**	0.42**	0.48**	0.51**
领导管理	0.64**	0.64**	0.69**	0.73**
人际关系	0.39**	0.41**	0.42**	0.47**
福利收入	0.42**	0.37**	0.38**	0.55**
进修提升	0.50**	0.51**	0.54**	0.61**
工作环境	0.56**	0.53**	0.54**	0.66**

所有数据都是正值，在 0.01 水平上呈显著性，因此高校组织管理气氛与教师工作满意度两者的各因子相互之间存在显著的正相关。

4. 高校组织管理气氛各因子对教师工作满意度各因子回归分析

以管理气氛各因子为自变量，工作满意度各因子为因变量，进行多元线型回归分析，其结果如表 4.20 所示。

表 4.20 高校组织管理气氛对教师工作满意度各因子回归分析

	工作本身	领导管理	人际关系	福利收入	进修提升	工作环境
回归常数	5.89	2.10	6.94	2.99	2.66	6.25
β 管理秩序	0.15**	0.14**	0.04	0.07	0.05	0.14**
β 管理风格	0.04	0.15**	0.11	−0.02	0.12**	0.09
β 管理伦理	0.16**	0.25**	0.12	−0.07	0.13**	0.04
β 管理效能	0.25**	0.35**	0.29**	0.58**	0.40**	0.47**
F 值	50.45	188.59	38.62	54.28	80.41	101.20
R^2	0.29	0.61	0.24	0.31	0.40	0.46
p	0.00	0.00	0.00	0.00	0.00	0.00

数据显示：管理秩序对工作本身、领导管理、工作环境的满意度均回归显著；管理风格对领导管理、进修提升的满意度均回归显著；管理伦理对工作本身、领导管理、进修提升的满意度均回归显著；管理效能对工作本身、领导管理、人际关系、福利收入、进修提升、工作环境的满意度均回归显著。

4.3.2 高校组织管理气氛与教师教学效能感的关系

1. 高校组织管理气氛与教师教学效能感的相关性

对高校组织管理气氛与教师教学效能感进行积差相关分析，结果如表 4.17 所示。

数据表明：高校组织管理气氛与教师教学效能感之间的积差相关系数为 0.41，存在显著的正相关。

2. 高校组织管理气氛对教师教学效能感的回归分析

以高校组织管理气氛为自变量，教师教学效能感为因变量，经过一元线性回归分析,结果如表 4.21 所示。

表 4.21　高校组织管理气氛对教师教学效能感的回归分析

	教师教学效能感				
组织管理气氛	R^2	F	β	t	p
	0.19	98.55	0.41**	9.93	0.00

标准化回归系数 β 值为 0.41,在 0.01 水平上呈显著性,由此可看出:高校组织管理气氛对教师教学效能感总体的回归显著,即良好的高校组织管理气氛更容易激发出较好的教师教学效能感。

3. 组织管理气氛与教师教学效能感两者的各因子之间的相关性

对高校组织管理气氛与教师工作满意度两者的各因子进行积差相关分析,结果如表 4.22 所示。

表 4.22　组织管理气氛与教师教学效能感两者的各因子之间的相关性

	管理教学	管理风格	管理伦理	管理效能
以学生为中心	0.35**	0.31**	0.29**	0.36**
课堂管理	0.33**	0.29**	0.30**	0.34**
教学实践	0.30**	0.31**	0.26**	0.33**

数据表明:高校组织管理气氛、教师教学效能感两者的各因子相互之间在 0.01 水平上存在显著的正相关。

4. 高校组织管理气氛各因子对教师教学效能感各因子回归分析

以高校组织管理气氛各因子为自变量,教师教学效能感各因子为因变量,进行多元线型回归分析,其结果如表 4.23 所示。

表 4.23　组织管理气氛各因子对教师教学效能感各因子回归分析

	以学生为中心	课堂管理	教育教学实践
回归常数	18.01	14.32	11.81
β 管理秩序	0.17**	0.16*	0.10
β 管理风格	0.08	0.03	0.13*
β 管理伦理	−0.03	0.05	−0.04
β 管理效能	0.21**	0.16*	0.20**
F 值	21.74	18.59	17.14
R^2	0.15	0.13	0.12
p	0.00	0.00	0.00

数据显示:管理秩序对以学生为中心效能感、课堂管理效能感均回归显著;管理风格对教育教学实践效能感回归显著;管理效能对以学生为中心效能感、课堂管理效能感、教育教学实践效能感均回归显著。

4.3.3　高校教师教学效能感与教师工作满意度的关系

1. 高校教师教学效能感与教师工作满意度的相关性

对高校教师教学效能感与教师工作满意度进行积差相关分析,结果如表 4.17 所示。

数据表明:高校教师教学效能感与教师工作满意度之间的相关系数为 0.51,在 0.01 水平上呈显著性的正相关。

2. 高校教师教学效能感对教师工作满意度的回归分析

以高校教师教学效能感为自变量,教师工作满意度为因变量,经过一元线性回归分析,结果如表 4.24 所示。

表 4.24 高校教师教学效能感对教师工作满意度的回归分析

教师教学效能感	教师工作满意度				
	R^2	F	β	t	p
	0.26	172.41	0.51**	13.13	0.00

标准化回归系数 β 值为 0.51,在 0.01 水平上呈显著性,此表明:高校教师教学效能感对教师工作满意度总体的回归显著,即良好的高校教师教学效能感更容易激发出较好的教师工作满意度。

3. 教师教学效能感与教师工作满意度两者的各因子之间的相关性

表 4.25 教师工作满意度与教师教学效能感两者的各因子之间的相关性

	工作本身	领导管理	人际关系	福利收入	进修提升	工作环境
学生为中心	0.29**	0.38**	0.42**	0.43**	0.44**	0.45**
课堂管理	0.21**	0.33**	0.38**	0.28**	0.31**	0.35**
教学实践	0.27**	0.33**	0.43**	0.36**	0.42**	0.45**

数据表明:教师教学效能感与教师工作满意度两者的各因子相互之间在 0.01 水平上均存在显著的正相关。

4. 高校教师教学效能感各因子对教师工作满意度各因子回归分析

以高校教师教学效能感各因子为自变量,工作满意度各因子为因变量,进行多元线型回归分析,其结果如表 4.26 所示。

表 4.26　教师教学效能感各因子与教师工作满意度各因子回归分析

	工作本身	领导管理	人际关系	福利收入	进修提升	工作环境
回归常数	7.79	5.80	5.79	2.03	3.00	6.92
β 学生中心	0.20**	3.79**	0.17**	0.37**	0.30**	0.24**
β 课堂管理	0.01	1.98*	0.11*	-0.04	-0.02	0.04
β 教学实践	0.12	1.35	0.24**	0.12*	0.22**	0.25**
F 值	16.15	31.01	45.41	38.96	45.47	49.45
R^2	0.09	0.16	0.21	0.19	0.22	0.23
p	0.00	0.00	0.00	0.00	0.00	0.00

数据显示：以学生为中心的效能感对工作本身、领导管理、人际关系、福利收入、进修提升、工作环境的满意度均回归显著；课堂管理的效能感对领导管理、人际关系的满意度均回归显著；教育教学实践效能感对人际关系、福利收入、进修提升、工作环境的满意度均回归显著。

4.3.4　高校组织管理气氛、教师教学效能感与教师工作满意度的关系

1. 高校组织管理气氛、教师教学效能感对教师工作满意度的回归分析

以高校组织管理气氛、教师教学效能感为自变量，教师工作满意度为因变量，经过多元线性回归分析，结果如表 4.27 所示。

表 4.27　组织管理气氛、教师教学效能感对教师工作满意度的回归分析

		教师工作满意度		
教师教学效能感	β	F	R^2	p
组织管理气氛	0.64**			
		375.46	0.61	0.00
教学效能感	0.25*			

β(管理气氛)$=0.64$，β(效能感)$=0.25$，且分别达到 0.01 和 0.05 显著性水平的差异，这说明：高校组织管理气氛、教师教学效能感对教师工作满意度的回归显著，即高校组织管理气氛、教师教学效能感可以预测教师工作满意度。两个因素可以解释教师工作满意度 61% 的变异。

2. 教师教学效能感在高校组织管理气氛与教师工作满意度的中介效应

表 4.28　中介效应

	标准化回归方程	回归系数检验
管理气氛对工作满意度的回归	$y=0.75x$	$t=24.72$***
管理气氛对效能感的回归	$m=0.41x$	$t=9.93$***
教师教学效能感对工作满意度的回归	$y=0.51m$	$t=13.13$***
管理气氛、教学效能感对工作满意度的回归	$y=0.25m+0.64x$	$t=20.70$***

表中右侧数字中 *** 表示在 0.001 水平上呈显著性差异。

依据学者温忠麟等人(2004)提出的中介效应检验程序和方法，采用依次回归技术来考察中介变量(教师教学效能感)在高校组织管理气氛与教师工作满意度的中介效应。具体运算过程包括三个阶段，首先对各变量进行中心化(变量减去均值)，然后依次做因变量与自变量、中介变量与自变量、因变量与中介变量，最后做因变量与自变量和中介变量的回归。本书中，高校组织管理气氛是自变量(用 X

表示),教师工作满意度是因变量(用 Y 表示),中介变量是教师教学效能感(用 M 表示)。因变量与自变量的回归系数用 c 表示,中介变量与自变量的回归系数用 a 表示,因变量与中介变量的回归系数用 b 表示,c' 表示当把自变量和中介变量都引入回归方程时,自变量与因变量回归系数的变化。假设 Y 与 X 的相关显著,意味着回归系数 c 显著,在这一前提下方可考虑中介变量 M,然后依次检验系数 a、b,如果都显著,意味着 X 对 Y 的影响至少有一部分是通过了中介变量 M 实现的。此时再看系数 c',如果显著,则说明是部分中介效应,即 X 对 Y 的影响只有一部分是通过中介变量 M 实现的,如果不显著,则说明是完全中介效应,X 对 Y 的影响完全是通过中介变量 M 实现的。

温忠麟等人(2004)在介绍中介效应检验程序时还特别指出,在建立回归模型时,如果系数 a、b 至少有一个不显著,则还需要做 Sobel 检验,只有当 Sobel 检验结果也显著时,方能说明中介效应显著。本书中,四个中介效应检验过程中系数 a、b 均为显著,所以不需要做 Sobel 检验。

由于表4.28中结果是标准化解,所以用小写字母代表相应变量的标准化变量。由结果可以看出,由于依次检验(前面3个 t 检验)都达到了极其显著水平,所以教师教学效能感在高校组织管理气氛与教师工作满意度的中介效应显著,当把自变量和中介变量一起引入回归模型时,第四个 t 检验也显著,所以是部分中介效应,表明高校组织管理气氛对教师工作满意度的影响有一部分是通过教师教学效能感这一中介变量实现的(如图4.1所示),通过计算中介作用为13.67%。

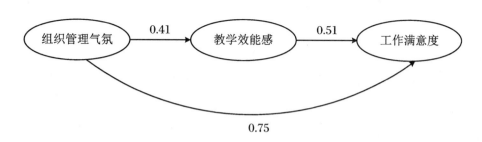

图4.1 中介作用示意图

5

三变量关系的讨论

5.1 高校组织管理气氛、教师教学效能感与教师工作满意度的总体状况

5.1.1 高校组织管理气氛的总体状况

无论是总量表还是各因子的平均得分高于中等强度值,都能说明高校组织管理气氛尚可。这与王婧(2007)的结论基本一致。此与很多高校非常注重优化组织管理、提高管理质量有关。例如,通过访谈得知,不少高校让教师给校、院(系)的领导干部打分,管理者的权力在一定程度上受到监督,使他们注意管理方式、改进管理手段、提高管理质量、优化管理气氛;高等教育改革与发展日新月异,依法治校的观念深入人心,高校都比较重视规章制度的制订与执行,因此管理秩序相对较好。

在各因子中,管理效能、管理风格、管理伦理得分相对较低。例如,干群关系的得分略低于中等强度值,但在所有项目中得分最低,说明领导的亲和力还需进一步加强。领导行为理论认为,"高关心组织高关心人"的领导类型的管理效果最好。因此,满足教师的心理、社会的需要,搞好干群关系,是提高管理质量的必然选择。另外,"学校领导在做决策的时候会征求大家的意见"得分较低,说明领导者在这一方面也需要提高。通过访谈得知,部分领导做决策时不怎么征求大家意见,或虽征求意见但在做决策时不做出解释,或只满足于不公开的问卷和投票等形式而不深入访谈。

5.1.2 高校教师教学效能感的总体状况

无论是总量表还是各因子的平均得分明显高于中等强度值,说明高校教师教学效能感良好,这与孔明(2008)的研究结论一致。这主要是因为高校教师受过良好的教育、知识水平较高,高校学生的成熟度也逐步增强,课堂管理相对轻松,高校的教学设备日益得到改善,有完整的教学评价体系和教学交流活动,有进修、培训和著书立说的机会。

但在各因子的相互比较中,以学生为中心效能感、教育教学实践效能感相对较低,且低于总量表平均值;课堂管理效能感相对较好。这主要是因为学生的成熟度较高,当出现违反课堂纪律的行为时,教师稍加提示,学生便能遵循规定。而若想提高以学生为中心效能感、教育教学实践效能感,教师不仅需要有责任心,还需要积累更多的专业知识、教学经验、技能并能灵活运用,更需要学校管理"以生为本"理念在实践中的有效执行(如良好的选课制度)以及教学管理对教师教学的有效支持。

5.1.3 高校教师工作满意度的总体状况

高校教师工作满意度的总体状况与于辉(2007)的调查数据和结论基本一致。总体上看,高校教师工作满意度略高于中等强度值,大部分教师较满意,但还有待于进一步提高。这主要与国家大力发展高等教育、尊师重教以及教师岗位较能体现自身价值有关。

高校教师的工作岗位竞争性相对不强,且由于教学、科研等事务常常需要相互合作,故人际关系满意度明显高于中等强度值;高校教师的工作岗位虽然较能体现自身价值,但工作本身需要不断更新和丰富知识,需要不断地搞好科研和提高教学质量,甚至还要承担服务社会的任务,因此工作压力颇大,工作本身的满意度略低于中等强度值;高校教师的工资收入多年一直未有实质性增加,再加上大部分高校因近几年都在围绕扩招或新专业搞基础建设、硬软件建设,从而导致资金匮乏,福利也一直未有大的改善,故高校教师的福利收入满意度在各因子中最低,此与孙将文(2014)的研究结果一致。

5.2 三变量及其各因子在人口学上的差异情况

5.2.1 三变量及其各因子在职称、学历、教龄上的差异情况

经过多因素方差分析,在组织管理管理气氛问卷中,不同学历的教师在管理风格的感知上存在显著差异,此与王婧(2007)的研究结果一致,且本研究更为深入,多重比较后得出博士＞硕士＞本科,这可能是由于学历不同,当事人的地位、待遇不同,造成对管理风格的感知也不同;学历、教龄在管理风格的感知上存在显著的交互作用,具体为本科学历的教师在管理风格的感知上教龄1＞教龄2、教龄4、教龄5,教龄1的教师在管理风格的感知上数值从高到低依次为本科、博士、硕士,这是可能因为最近三年进校的本科学历的教师是作为紧缺专业人才特殊引进的,在管理上相对优待他们,故他们在管理风格的感知上相对较好,教龄5的教师在管理风格的感知上,数值从高到低依次为博士、硕士、本科,这也可能是由于博士、本科生的地位、待遇不同,导致其对管理风格的感知也不同。

经过多因素方差分析,在教师教学效能感问卷中,不同职称的教师在以学生为中心效能感上存在显著差异,多重比较后,数值从高到低依次为教授、副教授、讲师、助教,这与薛莲(2005)的研究基本一致,这可能是因为职称越高就对个人的能力、水平越自信,因而在以学生为中心的信念上更为强烈;不同教龄的教师在教育教学实践效能感上存在显著差异,多重比较后,数值从高到低依次为教龄6、教龄4、教龄3、教龄5、教龄2、教龄1,这也与薛莲(2005)的研究基本一致,这可能是因为教学注重实践经验的积累,教龄越长,经验越足,从而在教育教学实践效能感上也越强。而在教龄5上教育教学实践效能感出现回落,这可能是因为不少教师在此阶段处于职业枯竭期,教学投入、教学状态等不能得到有效保持,故在教育教学实践效能感上出现回落。

  经过多因素方差分析,在教师工作满意度问卷中,不同职称的教师在福利收入满意度、进修提升满意度、工作环境满意度及满意度总体上存在显著差异。多重比较显示,不同职称的教师在福利收入满意度上,数值从高到低依次为教授、副教授、助教、讲师;不同职称的教师在进修提升满意度上,数值从高到低依次为教授、副教授、助教、讲师;不同职称的教师在工作环境满意度上,数值从高到低依次为教授、副教授、助教、讲师;不同职称的教师在总体满意度上,数值从高到低依次为教授、副教授、助教、讲师。张丽(2018)也得出大学教师中教授满意度最高,讲师满意度最低的结论。不过,于辉(2007)指出对于福利收入满意度,各职称之间存在着显著差异,教授的满意度最高,而助教的满意度最低。本研究与于辉的调查结论不一致,这可能是因为于辉的取样仅限于哈尔滨市,而本研究是在全国取样,因此本研究更有普遍性。但从以上可以看出,职称是影响工作满意度的重要因素。因为职称一定程度上反映学校回报教师工作效果的整体情况,是发放工资、奖金、津贴和一些其他福利待遇的重要标准,从而影响了教师的工作满意度。高职称的教师获得较多支持和回报,因而工作满意度较高;因助教对自己的期望值较低,甚至作为新人还会受到特别的指导和照顾,他们努力工作,注重与他人合作,从而取得较好的工作绩效,而讲师因职称升迁难度、家庭-工作冲突等因素造成压力较大,故助教工作满意度相对于讲师较高。因此,在工作满意度总体、福利收入、工作环境、进修提升的满意度上从高到低依次为教授、副教授、助教、讲师。另外,不同学历的教师在教师工作满意度及其因子上无显著性差异;不同教龄的教师在教师工作满意度及其因子上无显著性差异。这与王婧(2007)、Topchyan 和 Woehler(2020)的研究结果一致。这可能是由于学历反映了教师的学习经历,教龄反映了教师的教学经历,而无法直接反映教师工作时的努力情况、绩效情况和回报情况,当然也就不能直接反映教师工作满意度及其因子的情况。

5.2.2 三变量及其各因子在学科、性别上的差异情况

不同性别的教师在管理气氛及其各因子(管理秩序、管理风格、管理伦理、管理效能)的知觉上有显著性差异,均是女性高于男性,性别与组织气氛有着显著相关,女教师的工作精神通常高于男教师。程正方等(1995)对中小学组织气氛状况调查得出:女教师事业心强,对学校组织气氛各层面的整体满足感高于男性教师。由此可以看出女教师由于自控能力与抗干扰能力强,专注于教育工作,能够获得较好绩效和评价,或者投入于家庭生活,对管理低期待,易被满足,故女教师在管理气氛的知觉上显著高于男教师。

不同学科的教师在管理气氛及其各因子的知觉上均有显著性差异,均是理工科教师高于文科教师。这可能是由于学科知识的问题,使得文科教师更把自己的注意力指向于管理中的消极方面,同时在专业扶持方面,学校把资源更多地投入于就业形势更好的理工科专业。

不同性别教师的教学效能感只在课堂管理上呈显著性差异(女教师在课堂管理上的教学效能感显著高于男教师),这可能是由于女教师在言语表达和亲和力上优于男教师,有利于课堂管理。Brennan 等人(1996)研究发现,女教师的教学效能感优于男教师。不过,本研究与薛莲(2005)、李星(2020)的研究结论不一致,原因何在,令人费解。

不同学科的教师在教学效能感整体及其各因子上的得分均是理工科教师高于文科教师,但只在教育教学实践因子上有显著性差异,这可能是由于理工科教师理性思维优越,在教学方法的选择、教学整体的设计、教学的合理评估上具有明显的优势。这与薛莲(2005)的研究结论不一致,可能是因为本研究的学科分类标准是文理工科,而薛莲研究的学科分类标准是具体学科。

不同性别教师的工作满意度整体上有显著性差异,其中在工作本身、领导管理、人际关系、福利收入上有显著性差异,均是女性高于男性,与陈云英(1994)的研究基本一致。这可能是由于一部分女教师事业心强,工作容易出成绩,其在工作本身、结果以及相关方面易得到满足;另一部分女教师较多关注于家庭生活,对工作

低目标,易于被满足。但 Oshagbemi(2000)的研究显示男女高校教师在工作满意度上无显著差异,与本研究结果不一致,可能与文化差异有关。

不同学科的教师在工作满意度整体及领导管理、人际关系、福利收入、进修提升、工作环境上均有显著性差异,均是理工科教师高于文科教师。这可能是因为:一是理性思维优越的理工科教师在教学设计、教学策略上具有一定优势,在同等条件下教学质量较好;二是学校把资源更多地投入于就业形势更好的理工科专业;三是理工科科研课题多、经费多。故在工作满意度整体及其各因子上理工科教师比文科教师显著性地高(除了工作本身因子之外)。工作本身的满意度可能主要依赖于教师对工作的兴趣、投入、结果和评价等,与外在物质条件和个体的理性思维关联不是太大,故在工作本身满意度上学科之间无显著差异。本结论与于丽娜(2007)的结论——不同学科的教师在工作满意度整体及其各因子均无显著性差异不一致,究其原因,可能是因为她的研究仅取样于一所大学且样本少,另外学科分类(文、理、工)与本研究的学科分类不一致有关。

5.3 三变量相互之间的关系

5.3.1 高校组织管理气氛与教师工作满意度的关系

高校组织管理气氛与教师工作满意度相互之间存在显著的正相关,两者之间的相关系数达到 0.746。Lewin 的"场理论"和 Tolman 的"认知地图"观均认为人只不过是在人与环境的相互作用中的一个存在,人在与环境的交互作用过程中会对环境形成一定的"知觉意识"或"认知地图"。这种"认知地图"影响其行为作用于环境,被对象化的环境有形或无形作用于其心理与行为。因此,作为高校教师必然受其工作环境氛围耳濡目染、潜移默化,显然学校组织管理气氛作为教师工作与生活的最直接的环境,无疑会对教师工作满意度的形成起着重要影响作用。Kabes(1989)的研究也表明学校组织气氛与教师工作满意度有显著的正相关。

进一步的回归分析表明,高校组织管理气氛对教师工作满意度的回归显著。例如,Natarajan(2001)指出在气氛开放的学校工作的教师有较高的工作满意度,王婧(2007)的研究也和本研究的结果一致。高校组织管理气氛为何可以对教师工作满意度有显著预测作用,重要的原因有:一是高校组织管理气氛更多从外部环境来直接影响教师工作满意度,且教师工作满意度中隐含了对组织管理气氛的评价;二是高校组织管理气氛影响教师工作结果,教师工作结果影响教师工作满意度。

高校组织管理气氛各因子与教师工作满意度各因子之间存在显著的正相关。Arani 和 Abbasi(2004)指出教师工作满意度各因子与组织气氛部分因子之间存在相关性。究其不是十分一致的原因,可能与所用问卷和所取样本不一致有关。本研究进一步的回归分析表明:管理秩序可以预测工作本身、领导管理、工作环境的满意度,因为高校的管理秩序是否合理、稳定,明显影响教师工作是否正常、有效进行,且管理秩序本身就是领导管理以及工作环境的一部分;管理风格可以预测领导管理、进修提升的满意度,因为高校的管理风格是否民主、灵活、开放,是否适合组织需要,将影响到教师的情绪和进修提升机会的正常获得,进而影响到教师对领导管理、进修提升的评价;管理伦理可以预测工作本身、领导管理、进修提升的满意度,因为管理伦理强调管理的公平、公正、公开,是领导管理的一部分,直接影响到教师对工作本身的评价、进修提升的结果;管理效能可以预测工作本身、领导管理、人际关系、福利收入、进修提升、工作环境的满意度,因为管理效能强调的是管理者的素质和管理效果,对教师工作及教师工作满意度的各因子均产生直接影响。

5.3.2 教师教学效能感与教师工作满意度的关系

高校教师教学效能感与教师工作满意度相互之间存在显著的正相关,两者之间的相关系数达到 0.51。进一步的回归分析表明,高校教师教学效能感对教师工作满意度的回归显著,此研究结果与国内外研究基本一致。研究(Trentham,1985)表明,教师教学效能感与他们的工作满意度相关。张萍(2007)研究发现,教师教学效能感与工作满意度的正相关显著,同时教师教学效能感的两个维度对工作满意度的整体层面可以进行很好地预测。王晓梅等(2019)揭示了教师教学效能感能显著预测工作满意度。为何出现这样的结果?这可能是由于教学效能感高的教师对整个教育体系及自身的教学能力充满了信心,对教学工作岗位产生认同,进而肯定了自己工作的价值,会以积极的态度投入工作,往往能够取得令人满意的工作成绩,获得较好的回报。同时这种教学的效能感一般也会迁移到教师的其他工作中,引起一系列连锁反应,教师的总体工作满意度会随之提高;反之,教学效能感低的教师对自身工作的价值产生怀疑,对工作失去热情,工作业绩往往相对较差,对工作的满意度就低。

教师教学效能感各因子与教师工作满意度各因子相互之间存在显著的正相关。张萍(2007)的研究还得出教师教学效能感的两个维度对工作满意度的若干因子可以进行很好地预测。本研究进一步的回归分析也得出类似结论:以学生为中心效能感可以预测工作本身、领导管理、人际关系、福利收入、进修提升、工作环境的满意度,因为以学生为中心效能感反映了教学工作方向上的效能感,它是否强烈,影响到教师工作的心理状态、工作投入以及工作结果,当然也影响到教师工作满意度及其各个因子;课堂管理效能感可以预测领导管理、人际关系的满意度,因为课堂教学需要课堂管理,教师此时也变成一个管理者,需要处理师生、生生之间的人际关系,能够切身体验到管理者的许多难处,课堂管理效能感必然影响教师对领导管理的评价以及人际关系的满意度;教育教学实践效能感可以预测人际关系、福利收入、进修提升、工作环境的满意度,因为教育教学实践效能感和人际关系都强调方法和策略的运用,影响教师人际交往的信心,教育教学实践效能感强的教师一般情况下课堂教学效果好,从而在福利收入、进修提升、工作环境上有相对更好的待遇。

5.3.3 高校组织管理气氛与教师教学效能感的关系

高校组织管理气氛与教师教学效能感相互之间存在显著的正相关,两者之间的相关系数达到0.41。高校组织管理气氛各因子与教师教学效能感各因子之间也存在显著的正相关。张跃刚(2005)的研究显示,学校组织管理气氛与教师教学效能感及其各因子有显著的正相关关系。由此可见,学校组织管理气氛可以影响教师教学效能感。管理者对教师能力的评价、管理风格、对教学的支持力度等都会影响教师的教学效能感,从而使得学校组织管理气氛与教师教学效能感具有相关关系。

进一步的回归分析表明,高校组织管理气氛对教师教学效能感的回归显著。例如,在"民主型"的组织管理气氛中,管理者支持鼓励教师的工作,帮助教师排忧解难,加强教师的培训和进修,那么教师就会身心愉快,知识和能力得到及时提高,教师教学效能感就会大为增强。另外,高校组织管理气氛对教师教学效能感的回归显著,也可以从社会知觉的角度去解释。自我知觉受到反射性评价(即个体从别人对自己的态度、评价和行为中来评价自己)的影响。良好的组织管理气氛,使教师(包括教师工作)得到应有的尊重,从而使教师的自我知觉较好,教师教学效能感也会得到一定程度的增强。

进一步的回归分析还表明:管理秩序可以预测以学生为中心效能感、课堂管理效能感,因为只有良好的管理秩序,才能坚持以教学为中心,使教师集中注意力,坚持不懈地在教学时以学生为中心,做好课堂管理,维持教学秩序;管理风格可以预测教育教学实践效能感,因为民主、灵活、开放的管理风格可以让教师放开手来,使用多种教学策略方法,进行创新教学,必然增强了教师的教育教学实践效能感;管理效能可以预测以学生为中心效能感、课堂管理效能感、教育教学实践效能感,因为管理效能强调的是管理者的素质和管理效果,必然影响教师的心理状态和在各个因子的教学效能感。

5.3.4 高校组织管理气氛、教师教学效能感与教师工作满意度的关系

经过多元线性回归分析,高校组织管理气氛、教师教学效能感对教师工作满意度的回归显著,即高校组织管理气氛、教师教学效能感可以预测教师工作满意度。两个因素可以共同解释教师工作满意度61%的变异。由此得出,若想提高教师工

作满意度,可以通过改善高校组织管理气氛和提高教师教学效能感来进行。组织管理气氛更多是从外部因素来影响教师工作满意度,教学效能感更多是从内部因素来影响教师工作满意度。此两因素共同作用于教师工作满意度,相比较于某一个因素来说,影响教师工作满意度的效果更好。

  在此基础上,依据温忠麟等人(2004)提出的中介效应检验程序和方法,采用依次回归技术来考察中介变量(教师教学效能感)在高校组织管理气氛与教师工作满意度的中介效应。结果表明,高校组织管理气氛对教师工作满意度的影响有一部分是通过教师教学效能感这一中介变量实现的,中介作用为13.67%。由此得出,若想提高教师工作满意度,激发教师的工作积极性,不可忽视教师教学效能感的中介作用。这种中介作用是通过组织管理气氛对教师教学效能感产生影响,教师教学效能感从而再对教师工作满意度产生影响。

6 提高高校教师工作满意度的建议

高校组织管理气氛、教师教学效能感均能对教师工作满意度线性回归显著。因此,提高高校教师工作满意度,可以从提高高校组织管理气氛、教师教学效能感两个方面分别提出建议。

6.1 优化高校组织管理气氛

组织管理气氛可以影响教师工作的心理状态,影响教师工作结果,从而对工作满意度产生影响;组织管理气氛是教师工作满意度感知和评价的一部分内容,组织管理气氛可以直接影响教师工作满意度。因此,优化高校组织管理气氛的措施必然直接或者间接影响教师的工作满意度的提高。

6.1.1 建立和完善学校管理制度

建立和完善学校管理制度有助于优化组织管理气氛。

第一,建立和完善学校管理制度,有助于教师完成组织任务,从而促进管理者和善地对待教师,优化学校组织管理气氛。组织下达给教师的任务是否完成,会影响管理者对待教师的态度,影响学校组织管理气氛的改变。学校规章制度具有强制性、规范性,它制约着在校教职员工的行为,促使教师实现组织目标。没有良好的学校管理制度,就没有良好的学校管理秩序,学校将会一盘散沙,个人和组织目标将无法实现,会给管理者和教师带来巨大的压力,必然不利于组织管理气氛的提高。因此,一个学校只有建立和完善学校管理制度,才能建立良好的学校管理秩序,教师才能不断改进教育教学工作,提高自己的教育教学质量,从而达到组织目标,如此必然有助于组织管理气氛的提高。

第二,建立和完善学校管理制度,实行依法治校、依法管理,有利于在学校管理中加强法治管理,克服人治产生的弊端,改善管理作风,也必然有助于良好的学校组织管理氛围的建立。

第三,建立和完善学校管理制度,实现管理制度的教育作用,促进学校组织管理气氛的优化。完善的学校管理制度,不仅为教育创造良好的条件,而且其本身就是重要的教育手段。学校管理制度的制订和实施,也是对教师思想教育的过程。学校管理制度的严格执行,对增强教师的组织性和纪律性,培育教师集体主义思想观点,塑造良好的道德行为,具有重大作用,必然有助于优化组织管理气氛。

第四,建立和完善学校管理制度,有助于规范教职员工的行为,协调各种关系,优化学校组织管理气氛。学校有了合理的管理制度,规范了管理者和每个员工的行为,人人能够明确自己的职责,也能够清楚应该做什么、不应该做什么,应如何做、不应如何做,减少了矛盾和冲突,有助于优化学校组织管理气氛;学校有了合理的管理制度,可以协调人际关系,使人人各尽其事,大大提高了人的精神状态,有助于优化学校组织管理气氛。

管理者要想使学校管理制度发挥出最大管理效率,更好地优化学校组织管理气氛,就必须在建立和完善学校管理制度时遵守以下基本要求:

(1) 目的性

这是指学校管理制度在建立和完善时要有明确的目的。倘若学校管理制度没有明确的目的,那么其存在就没有实践意义,甚至可能会引起管理上的混乱。因此,学校管理制度在建立和完善时要有明确的目的,确定要解决什么问题,或者起着什么作用。

(2) 合规律性

这是指学校管理制度在建立和完善时要符合事物发生、发展的客观规律。这就要求学校管理制度在建立和完善时,要考虑师生员工的身心发展特点、教师的工作特点、学校其他工作特点、各方面实际情况等。学校管理制度只有合规律性,才能在管理实践中发挥它的效率,才能具有生命力。

(3) 民主性

这是指学校管理制度在建立和完善时要符合师生员工的根本利益,并获得他们的支持。这要求学校管理制度的建立和完善,必须是从群众中来、到群众中去,反复循环,在实践中不断完善。和教师有关的管理制度,要充分采纳广大教师的意见,并在教代会上讨论、修改及通过。

(4) 一致性

这是指学校管理制度的各部分内容应相互配合、协调一致。倘若学校管理制度的各部分内容相互矛盾,不仅会影响管理者和制度的权威性,还会导致管理困境的出现。

(5) 稳定性

这是指学校管理制度在一定时期内应保持相对不变。倘若管理制度朝令夕改,就会引起人心涣散,团体凝聚力会下降,会影响组织目标的达成和组织管理气氛的优化。当然,管理制度要求有一定的稳定性,并不是说管理制度一成不变,当管理制度明显脱离于实际,就需要变更。

(6) 可行性

这是指学校管理制度必须符合实际,可以贯彻执行。这要求学校管理制度不脱离于实际,通俗易懂,要有利于贯彻和核查。

学校管理制度建立和完善好后,就需要在管理实践中贯彻执行。管理者注意运用科学的方法,使学校管理制度能够很好地贯彻执行,以优化组织管理气氛和达成组织目标。

在学校管理制度贯彻执行中,尤其要注意以下几个方面:

(1) 管理者要广泛宣传学校管理制度。管理者要通过校会、校报、广播、校园网、手册、宣传栏等各种渠道宣传管理制度,做到人人心中有学校管理制度,人人深知遵守学校管理制度的必要性,增强教职员工遵守学校管理制度的自觉性。

(2) 管理者要充分发挥身先士卒的榜样作用、表率作用,带头遵守学校管理制度。这是一种无声的宣传和教育,对师生、员工产生无形的影响,更有利于学校管理制度的贯彻执行。

(3) 管理者要及时核查制度遵守情况,督促教职员工遵守制度。在核查学校管理制度的贯彻执行情况时,管理者要适度批评、教育或惩罚违反制度的人,表扬先进人士,渲染一种人人必须遵守学校管理制度的氛围,如此才能更好地督促教职员工遵守学校管理制度。

(4) 管理者在学校管理制度贯彻执行中要坚持原则性和灵活性相结合。在管理中,原则性是灵活性的前提条件和基础,无原则性的管理就是混乱的管理,更不会有灵活性一说。原则性也是随着实际情况而改变的,它会随着社会的发展而变化,墨守成规是对其的一种误解;实现和坚持原则性就必须要有灵活性,后者能服务和服从前者(付暄棋,2015)。两者都是为了提高管理的有效性,尤其是当用原则性无法解决某些实际问题时,就应跳出原则性的约束,从实际出发,采用灵活应变的策略予以解决实际问题,提高管理效率,实现学校效益的最大化。

(5)学校管理制度要与时俱进。管理者要废除或调整那些不符合实际的学校管理制度,新增符合实际需要的学校管理制度,以提高管理效率。

6.1.2 加强对教职员工的人性化管理

1. 制度化管理的弊端

学校进行制度化管理,可以使管理行为有计划、有组织,形成人尽其责、事必落实、有序运转的管理秩序,实现组织目标。但进行制度化管理也有一些弊端:

(1)滞后性。制度不可能穷尽管理实践中的所有情况,也不可能总是及时根据现实情况调整学校制度,因此制度化管理具有一定的滞后性,影响管理效率的提升。

(2)不够灵活。在管理实践中,制度化管理容易更多强调对事的管理,对人的管理重视不够,只有制度,不够灵活,容易形成一刀切。

(3)容易遏制管理者和教职员工的主动性、创造性。在管理实践中,管理者按照制度核查教职员工行为,督促教职员工遵守制度,忽视他们个性和需要,教职员工只能遵守制度。如此,管理制度不仅容易遏制教职员工的主动性和创造性,也容易使管理者丧失管理活动的主动性和创造性,成为机械的监督者。

2. 人性化管理的定义、优点、特点

高校是培养人才和科技创新的重要场所,需要思维的发散、灵感的激发。其中,在培养人才和科技创新中,教职员工发挥着重要作用。但传统的制度化管理存

在以上弊端,尤其容易将教职员工当成生产流水线上的工人,不容易发挥他们的积极性、主动性和创造性,更不易将他们的思维、灵感充分地激活。而高校教职员工从总体上看,是一个心智成熟的群体,自尊心强,希望得到学校以及他人的理解和尊重,期待在宽松、温暖、相互支持的人文环境下工作,因此管理者需要一种新的管理方式对教职员工进行管理,以激发其积极性,提高管理效率,实现组织目标。这种新的管理方式就是人性化管理。值得注意的是,加强对教职员工的人性化管理,并非是没有制度对教职员工进行管理,而是应突出管理的人性化。

所谓人性化管理,是指以人为本,关注人的情感、需要、个性,充分地理解人、尊重人、关爱人,激发人的积极性、主动性和创造性,最大化地激发人的潜能,促使人们更好地实现自己价值的一种管理方式。

对高校教职员工进行人性化管理,具有以下优点:

(1) 充分尊重教职员工,能够使管理者与教职员工关系融洽,可优化管理氛围。

(2) 可及时、有效、灵活地处理问题,提高管理效率。管理者可以根据实际情况、制度等,及时、有效、灵活地处理问题。

(3) 激发管理者和教职员工的主动性、创造性。人性化管理重视教职员工情感和需要,教职员工得到人文关怀,能够主动性、创造性地从事一些自己想做的工作;人性化管理需要管理者关注教职员工,容易激发出管理者的主动性、创造性。

人性化管理的特点主要有:

(1) 注重与教职员工情感交流。和谐的人文环境能够使教职员工产生愉悦的情绪,教职员工的工作效率就会大大提高。管理者应经常与教职员工进行情感交流,了解教职员工的个性和需要,对教职员工进行人文关怀,让教职员工充分了解学校管理制度和学校面临的各方面情况,激发其在教书育人、学校发展中的责任感,以增强彼此的理解和尊重。

(2) 满足教职员工的合理需要。教职员工有很多方面的需要,如在工作领域中的自主权的需要、工作之余的娱乐交际的需要、工作中自我实现的需要、家庭物质生活的需要,应尽可能予以满足,才能更好地激发其工作积极性。

(3) 让教职员工参与管理。参与管理可以让教职员工知晓管理中的问题,更能理解管理者的工作;让教职员工参与管理决策,激发其在学校中的主人翁意识。

（4）充分开发教职员工潜能。教职员工的个人素质对于学校来说非常重要,管理的任务应最大程度的调动人们的积极性,帮助其释放其潜能,扬长避短,各尽其能,达到管理效益的最大化（杜冉冉,2016）。学校应因材施用,应提供教职员工职业发展的平台,还应为教职员工提供进修和培训的机会,促使教职员工更好更快地成长,在学校目标的实现中体现教职员工个人价值,实现教职员工发展和学校发展的双赢局面。

（5）塑造相互关怀的文化。倘若缺乏充满人文关怀的校园文化,那么人性化管理不可能在全校范围内实施。其实,人性化管理是充满人文关怀的校园文化在管理上的一种投射。这种充满人文关怀的校园文化不仅影响着管理者的管理方式,也影响着教职员工。这要求管理者要塑造出相互关爱友好、相互尊重理解的校园文化。

3. 如何对高校教职员工进行人性化管理

如前所述,人性化管理符合高校、高校教职员工的特点,应在高校中大力实施。管理者在管理实践中,应多从教职员工角度思考问题,理解、尊重教职员工,满足教职员工合理需求,为教职员工的职业发展提供广大平台,激发教职员工的积极性、主动性和创造性,实现教职员工发展和学校发展的完美结合。

第一,确立以教职员工为本的管理观念。学生发展靠学校,学校的质量必须依靠教职员工,故高校发展必须要重视教职员工的价值,依靠教职员工,激发他们的积极性。在管理实践上,管理者靠严厉的管理制度约束教职员工,无法激发他们的积极性。管理者只有确立以教职员工为本的管理观念,才会在管理实践中将他们放在管理中的第一位,营造一个宽松、和谐、相互支持的人文环境,充分地尊重、支持、理解教职员工,激发其主人翁的精神,满足其合理需要,促进教职员工全面发展,培养他们良好的情绪,以发挥他们的工作热情和积极性,更好地实现教职员工的价值。

第二,教职员工管理制度要人性化。管理制度是为了提升个体的积极性和提高管理效率,促进组织目标的实现。倘若没有管理制度,管理将混乱无序,组织目标将难以实现。但是若管理制度过于苛刻,不能满足教职员工的合理需要,将影响教职员工的工作情绪,束缚了教职员工的工作积极性。因此,教职员工管理制度要人性化。如有的教学部门规定每周都要开一次职工全体会议,这大大影响了教师对时间的规划和使用。其实,有些不重要的事情完全可以通过网络方式通知,以节省广大教职员工的时间。

教职员工管理制度人性化,首先要求管理制度要充分考虑到教职员工的合理需要,对非原则问题、非重大问题尽量不要用管理制度去约束教职员工;其次要求管理制度要多一些奖励制度,使得教职员工的积极性得到更好的发挥,达到组织目标的同时实现个人的价值;再次要求管理制度在实施或修订前要主动征询教职员工意见,体现教职员工是学校主人翁的地位。

值得注意的是,教职员工管理制度要人性化,这并非是说没有制度内容对教职员工进行规范约束,而是在制度内容中应突出管理的人性化,尽可能满足教职员工的合理需要,以激发他们工作的积极性。

第三,要建立一种高关怀的领导方式。美国社会心理学家 Lewin 是领导作风理论的创始人,他的研究表明民主型领导者所领导的群体的工作效率与工作满意度都更高;密歇根大学社会研究中心的 Likert 通过研究认为,参与式的民主领导是最为理想的领导风格,他建议领导者要看到员工中所蕴藏的智慧和创造力,要真心诚意地让员工参与管理,积极调动员工的工作主动性,充分挖掘员工的潜力;R. R. Blake 和 J. S. Mouton 的管理方格理论认为团队型管理(领导者既重视人的因素,又十分关心生产,努力协调各项活动,使它们一体化,从而提高士气,促进生产)是最佳型领导方式(赵国祥,2016)。从以上可以看出,高关怀的领导方式不仅对员工的士气产生积极影响,也对工作效率产生积极影响。

高校教职员工一般受过高等教育,有知识涵养,能够独立思考,有较强的自尊心和自控能力,渴望得到理解、关爱和支持,希望自我实现的需要得到满足;同时他们承担了为学生服务、开展科学研究、为社会服务等任务,压力较大。因此,管理者在采取基本管理制度规范高校教职员工职业行为之外,应对高校教职员工采取高关怀的领导方式,在各方面支持他们。

在教学工作上,实行教学评议制度和教学优秀教师辅导制度,并进行相关活动。"三人行，必有我师也。"管理者要经常开展教学公开活动，然后请专家和同行评议，以此提高教师教学整体水平。对于年青教师和教学水平较落后的教师，要请优秀教师去他们课堂听课，并进行一对一的教学辅导，切实提高他们的教学水平。

在科研工作上，建立科研团队制度和科研交流制度。根据研究兴趣和方向，在教职员工内部组成研究团队，群策群力，促进相互交流，先进带动落后，开展科研合作，使教职员工科研整体水平得以提高，并利用科研促进工作实践中问题的解决；鼓励教职员工到校外听学术讲座，进行学术交流，同时邀请外校高水平学者来本校进行学术交流，指导本校教职员工科研工作。

在服务社会工作上，主动帮助教职员工联系服务社会的工作，让教职员工更好地服务社会。管理者应根据教师的专业、方向、特长、兴趣等，给教职员工介绍服务社会的工作，以便教职员工更好地利用自身本领，服务于社会。

在行政服务管理工作上，鼓励内部挖掘潜能和"走出去，引进来"的策略，让行政服务管理部门的员工获得成长；重要决策多听取教职员工意见。行政服务管理部门员工应进行内部交流，分享工作经验。同时，行政服务管理部门要鼓励员工"走出去"，到其他学校相应部门进行交流；行政服务管理部门要鼓励"引进来"，主动邀请其他学校相应部门来本部门进行交流。通过以上措施，让员工获得职业发展。另外，在学校管理工作中，重要决策多听取教职员工意见，组织管理工作要多吸收教职员工参与，关心教职员工的切身利益，促进人文关怀，更好地调动他们参与行政服务管理工作的积极性。

在生活上，应关注教职员工的身心健康和困难。学校管理者不仅每年要为教职员工提供体检服务，还应每年提供教职员工心理健康检查与咨询；管理者还要关注教职员工生活上的困难或问题，如恋爱择偶、爱人就业、家庭纠纷、住房困难、孩子求学、父母赡养等。管理者关注教职员工的身心健康和困难，力所能及地解决教师生活上一些问题或困难，使教职员工感受到组织的关怀和支持，减少思想上的包袱，全神贯注地投入到工作中去，提高工作效率。

6.1.3 通过良好的信息沟通渠道,促进人员之间的和谐相处,增强教职员工对学校的归属感

良好的信息沟通是优化组织管理气氛的重要方法。第一,信息沟通有利于学校接收国家法律、方针、政策等来自外部环境的信息,可为学校组织管理气氛的优化服务。这些信息为学校生存与发展提供重要的参考资料,若无这些信息,将会影响学校的生存与发展,当然也影响学校组织管理气氛,因此可以根据这些信息,为学校组织管理气氛的优化服务。第二,信息沟通有利于学校内部信息的有效交流,可为学校组织管理气氛的优化服务。这些信息包括员工需求状况、工作积极性、管理效率、团体凝聚力。第三,信息沟通是促进管理者与员工之间相互了解、相互理解、相互尊重、相互支持的基本途径,可为学校组织管理气氛的优化服务。信息沟通可以使管理者更好地了解员工的需求、士气状态、工作效率,可以为管理者决策、计划调整奠定基础;信息沟通可以使员工更好地了解管理者的任务指令、学校发展目标、目前学校出现的问题或困难等。这种沟通可以使管理者与员工更好地在工作中相互了解、相互理解、相互尊重、相互支持,有利于学校组织管理气氛的优化。第四,信息沟通可以促进人际情感的交流,促进人员之间的和谐相处,有利于学校组织管理气氛的优化。人际间的信息沟通,同时是情感的交流。人员之间的沟通,互相表达看法、意见,互相表达喜怒哀乐,互相满足交往需要以及归属感与爱的需要,随着沟通的频率和深度的增加,人际关系的亲密性通常会增加。这种人际关系的亲密性、融洽性,有利于学校组织管理气氛的优化。

既然良好的信息沟通是优化组织管理气氛的重要方法,那么管理者可以利用良好的信息沟通渠道,促进人员之间的和谐相处,增强教职员工对学校的归属感。

1. 管理者个人与教职员工积极交流

管理者要想与教职员工进行良好的个人间的人际交流,就要充分发挥正式沟通和非正式沟通两种方式的作用,提高沟通效果。正式沟通是通过组织结构的渠道而进行的沟通,如上级传达命令、下达通知、组织之间人员的往来等。正式沟通

具有系统性、目的性和权威性,它主要实现组织的经济效益和社会效益。非正式沟通是指不由组织限制的、私下的、非规范化的沟通,如拉家常、说闲话、传播小道消息、私人聚会等。非正式沟通代表个人,对他人一般没有压力,可以表露个人的真实想法,故很多管理者通过这种沟通来获取员工的一些信息。非正式沟通主要满足个人交流的需要和情感的需要。

学校管理者可以利用正式沟通,积极深入教职员工工作一线,如到教室、实验室等听课、看课,到办公室看员工工作情况,然后与教职员工亲切交流相关工作情况,并提出工作改进意见,使教职员工感受到管理者的支持。

学校管理者可以利用非正式沟通,到食堂、宿舍,或利用私人聚餐、私人娱乐活动,直接或间接地了解教职员工的生活及工作情况,通过拉家常、走访、慰问等形式,使教职员工感受到管理者的关怀。

管理者个人通过正式沟通与非正式沟通,与教职员工进行积极交流,知其所为、知其所想、知其所感,在管理上更能理解教职员工,减少矛盾摩擦,消除误会,竭力合作,必然促进管理者与教职员工之间的和谐相处,增强教职员工对学校的归属感,优化组织管理气氛。

2. 建立和完善两级教职工代表大会制度,在实践中切实维护教职员工的合法权利

建立和完善两级教职工代表大会制度,在实践中切实维护教职员工的合法权利,才能满足教职员工的合理需要,促进学校组织管理气氛的优化。

学校教职工代表大会,是教职工依法参与学校民主管理和监督的基本形式。学校应当建立和完善两级教职工代表大会制度。在管理实践中,学校教职工代表大会制度能够完善和执行,但基层(如二级学院或系)教职工代表大会制度也应很好地建立和完善。如基层教职工代表大会的代表应是直接选举出来的,大部分是普通教职员工,而不是行政管理干部,这样才能充分代表民意。

凡是涉及教职员工切身利益的事项,如基层发展、专业设置、职称评审、教学质量奖评选、年度考核、工作岗位聘任、年终奖金分配,都要经过基层教职工代表大会讨论后通过,这样才能保证大多数教职员工的切身利益。

3. 学校、基层工会组织积极开展活动,满足教职员工的精神需求

学校、基层两级工会组织应积极开展各种各样的活动,满足不同教职员工的精神需求,让教职员工在活动中愉悦自己的身心,加强了人际感情,对学校有了更强的归属感;学校通过这些活动凝聚了人心,拉近了教职员工之间、教职员工与管理者的心理距离,使彼此更能了解、理解、宽容,人际更加和谐。因此,学校、基层两级工会组织积极开展各种各样的活动,会优化组织管理气氛。

学校、基层两级工会组织应鼓励建立各种协会,依托协会建立固定活动场所,开展教职员工活动;学校、基层两级工会组织应举办各种体育活动,主要锻炼教职员工的身心素质;学校、基层两级工会组织应举办各种文化活动,如征文活动、心理保健讲座、联谊会、参观考察活动等,满足教职员工的文化需求,陶冶情操,促进知识获得和人际交往。

4. 构建广泛的信息沟通系统

如前所述,信息沟通对教职员工了解学校以及学校了解教职员工有着很大的促进作用。教职员工对学校越了解,就越能理解和支持学校管理;学校对教职员工越了解,就越能制定出相对合理的学校管理制度。学校与教职员工的良好互动,良性循环,使得学校管理效率大为提高,同时促进了学校组织管理气氛的优化。因此,学校需要构建广泛的信息沟通系统。

学校的信息沟通系统有校园网络、校报、广播台、校长电子邮箱、校长信箱、黑板报、公告栏、信息窗、规章制度、人员间直接传递(如会议、通知、校领导接待日)等。每种信息沟通手段都要有专人负责信息的收集,及时报送有关部门,学校则及时处理这些信息,并尽可能做到每条信息都有回应,使教职员工感到学校的尊重和真诚。

6.1.4 优化学校管理者的素质

1. 学校管理者素质的含义

所谓学校管理者的素质,是指学校管理者在先天禀赋的生理素质基础上,通过后天的实践锻炼、学习而成的,在管理工作中经常起作用的内在要素的总和。它是学校管理者从事管理活动应具备的基本条件。

学校管理者的素质在管理活动中非常重要。孔子曰:"其身正,不令而行;其身不正,虽令不从。"学校管理者的素质可以在自己的一言一行中表现出来,在管理中尤其对自己所管理的教职员工会产生潜移默化的影响。

2. 研究学校管理者素质的意义

研究学校管理者的素质,可以为选拔、考核管理者以及提升管理者的综合素质和提高学校管理效能、学校组织管理气氛服务。第一,研究学校管理者的素质,可以为选拔、考核管理者服务。不同管理岗位对管理者的素质要求和考核会不一样,因此在管理者的选拔和考核时必须要依据岗位对管理者的素质要求。第二,研究学校管理者的素质,可以提升管理者的综合素质和提高学校管理效能、学校组织管理气氛服务。管理者的素质不是与生俱来的,而是在社会实践中锻炼而来。即使是普通员工,也有可能根据现实需要,经过不懈努力,将自己塑造成合格的管理者。其实,管理者不是完美无缺的,要经常补缺补差,提升自己的综合素质,而这会优化管理者的管理行为,提高学校管理效能,进一步改善学校组织管理气氛。同时,现代化社会是个与时俱进的社会,要求教育进一步现代化。这必然带来新问题、新挑战,也对管理提出了新要求,其中管理者不断学习、提升自我综合素质、提高学校管理效能及学校组织管理气氛,是一项刻不容缓的任务。

3. 学校管理者素质的内容

学校管理者的素质一般应包含:政治思想素质、道德法律素质、科学文化素质、身体素质、心理素质、组织管理素质。

(1) 政治思想素质

为何学校管理者要具有较强的政治思想素质？第一，学校为国家培养大量人才，这就要求学校管理者具有较强的政治思想素质，并在学校管理实践中影响广大教职员工和学生的政治思想素质，以确保人才培养的政治方向。第二，国家的教育法规、教育方针政策具有一定的抽象性，而学校管理者面临的都是实际问题，如何将教育法规、教育方针政策在实践中较好执行，一定程度上取决于学校管理者对教育法规、教育方针政策的理解水平和融会贯通的水平。这就要求学校管理者具有较强的政治思想素质，以确保教育法规、教育方针政策与教育实践的完美结合。只有学校管理者拥有较强的政治思想素质，才能有较高的政策水平，才能运用正确的理论、观点、方法分析解决问题，才能把握好全局，贯彻好国家的方针、政策，学校管理才会走上新台阶（韩延明，1996），为人才的培养做出更大的贡献。

(2) 道德法律素质

在管理实践中，学校管理者必须要有良好的道德法律素质。道德是成文和不成文的非法律的公共行为规范和价值判断标准在个人内心形成的约束机制和个人信守的行为准则。法律是由国家制定或认可，并由国家强制力保证实施的行为规范总和。违反道德，将受到社会舆论和良心的谴责；违反法律，将受到行政和法律的惩罚（朱永新，2002）。

现代社会是一个法制社会，依法治国和依法治校已经成为共识，教育也是在一定的法律制度下进行的。作为学校管理者，应该具有良好的法律素质，知法、懂法、守法、用法，将教育办好，将管理效率提高。学校管理者还应具有良好的道德素质。因为具有良好的道德素质的学校管理者，会对教职员工产生好的潜移默化的影响，会产生好的非权力影响力，增强管理者的威信，缩短管理者与教职员工的心理距离，增进管理者与教职员工的人际关系。管理者不仅要有好的家庭美德和社会公德，还要有良好的职业道德。学校管理者良好的职业道德有：大公无私、甘于奉献、励精图治、敢于担责、实事求是、谦虚谨慎、严以责己、宽以待人等。

(3) 科学文化素质

科学文化素质是一个人通过公共教育和自我教育达到实际接受教育的程度，

主要表现为自然科学知识、社会科学知识、技能等方面的掌握情况。科学文化素质是学校管理者开展科学管理工作的基础性知识。管理工作是一个牵涉到多学科多领域、与人与事打交道的复杂工作,因此学校管理者应是在按照一定标准合格后被选拔到管理岗位上,其应具备相应的科学文化素质,否则不能胜任管理工作。

随着现代社会发展,全球化、信息化、知识化、网络化时代已经来临,对学校管理者的科学文化素质有了更高的要求。学校管理者应该与时俱进、不断学习,提高科学文化素质,以胜任学校管理的工作。

(4) 身体素质

身体是学校管理者的工作基础,身体素质是学校管理者其他素质的物质载体。学校管理者如果没有基本的身体素质,将会影响到其他素质的形成、发展和在工作实践中的发挥。在学校管理实践中,收集材料、阅读资料、参加会议、讨论决策,调查研究、运筹帷幄、协调指挥、办理交涉、公务出差、临时加班等,都需要学校管理者付出巨大的体力和精力。倘若没有良好的身体素质,学校管理者将会给管理工作带来负面影响,甚至完全无法胜任工作。学校管理者尤其要有充沛的体力和良好的身体适应力,才能适应各种环境,搞好学校管理工作。

(5) 心理素质

心理素质是学校管理者进行学校管理的心理基础。学校管理活动纷繁而复杂,涉及的人既有教职员工、学生、家长,也有外单位的人;有些管理难题解决难度大,解决时间长;学校管理活动是一项长期工作,学校管理者面临的压力每天都有。这些都要求学校管理者具有良好的心理素质,否则身心俱疲、不堪重负,会影响学校管理活动的进行。

学校管理者良好的心理素质主要有:

认知水平正常。没有正常的认知水平,学校管理者就不能进行正常的是非判断,不能进行正常的逻辑推理、决策与执行。因此,认知水平正常是学校管理者进行管理工作的最基本的心理素质。另外,认知水平正常,还要看学校管理者是否正常和充分地发挥了认知活动的效能。有的学校管理者懒政,不认真工作,该读的材料不读,该深入一线调查研究的不去调查,该深刻分析的不去分析,没有充分地发挥认知活动的效能,造成管理效能的下降。

情绪、情感健康。学校管理者每天面临复杂的人际关系和繁重的工作事务,压力较大,若能保持情绪、情感健康,将有助于学校管理活动效率的提高。学校管理者的情绪健康的内容包括:愉快情绪多于不愉快情绪;情绪稳定性好,即使面临任何困难时,也能很好调控自己的情绪。学校管理者的情感健康的内容包括:良好的道德感、理智感和美感。

意志健全。学校管理者的工作不可能总是一帆风顺的,总会碰到这样、那样的困难。这就要求学校管理者在意志品质的自觉性、果断性、顽强性和自制力等方面有很好的表现,才可能解决学校管理中的一些问题。如作为学校管理者要沉着冷静、刚毅果断。面对影响全局的大事时,学校管理者一定要沉着冷静,与其他管理者协商,再交给教职工代表大会讨论意见、修改意见、通过决策,最后在管理实践中果断执行决策。

人际关系和谐。学校管理者需要和不同的人打交道,如果不善于与人交往,那么将无法开展学校管理工作。因此,学校管理者需要有和谐的人际关系,获得教职员工和朋友的理解、支持,不仅有助于自身的心理和谐,还有助于自身管理工作效率的提高。人际关系和谐要求学校管理者要有较强的自我克制的能力,能够自我批评,做到以身作则、严于律己;要求学校管理者看到别人身上的优点,自身的不足,做到宽以待人,虚心向别人学习,诚恳地接受别人合理的意见,改善学校管理工作;要求学校管理者积极交往,乐于助人;要求学校管理者以开放的心态看待竞争,允许别人超越自己,并以别人的进步来鞭策自己更好地成长。

热爱工作。学校管理者倘若不热爱工作,那么在工作中就容易出现工作态度不够认真、得过且过的情况,会影响工作效率,甚至给组织带来极大的损失。热爱工作,要求学校管理者在工作中享受乐趣,而不会视工作为负担;要求学校管理者有良好的工作责任感,不因工作取得成绩而自我放松,不因工作中一点挫折而自暴自弃,始终要有将工作做好的责任感;要求学校管理者工作积极,竭力发挥自己的潜能,在工作中学习,在与人交往中学习,努力取得成功。

(6) 组织管理素质

组织管理素质是学校管理者从事组织管理的业务素质。"兵熊熊一个,将熊熊一窝"。倘若学校管理者组织管理素质低下,那么管理效率就会差,在教职员工中威信就会低,甚至会因为管理工作不当,给学校造成损失。因此,学校管理者应具有良好的组织管理素质。

良好的学校组织管理素质具体有:规划未来、描绘远景;把握目标、制定战略;善于组织、控制、指挥、协调;善于言语表达与组织沟通;善于授权与决策;敢于开拓与创新;善于合作与团结;正直、勤奋、忠诚、认真负责;热情、独立、踏实、谦虚。

4. 如何提高学校管理者的素质

如前所述,研究管理者的素质,可以提升管理者的综合素质和提高学校管理效能,为学校组织管理气氛服务。现实管理实践告诉我们,一些学校管理者的素质欠佳,如政策理解水平、执行水平不够,管理实践经验不足,科学文化素质有待加强,情绪不稳定,都对学校管理效率的提高有很大的负面影响。因此,提高学校管理者的素质成为当务之急。

提高学校管理者的素质需要立足实践。不断优化的社会氛围和社会管理制度,可以促进学校管理者不断根据实践需要提高自己管理者的素质。第一,良好的社会氛围对学校管理者的素质有所要求。良好社会氛围的渲染,可以使学校管理者知道自己的不足,并采取措施努力提高自己管理者的素质。第二,社会管理制度的要求。社会管理制度可以使学校管理者能很好地行使权力,但同时要求学校管理者合法、合理地使用权力且管理效能较好,倘若学校管理者不能合法、合理地行使权力或管理效果较差,那么学校管理者将会受到惩罚。因此,社会管理制度的要求使得学校管理者不断根据实践需要,提高自己管理者的素质。

从前述可以看出,根据实践需要不断优化社会氛围和社会管理制度,对提高学校管理者的素质是多么重要。

学校管理者该如何提高自身素质?

学校管理者要在实践中自觉提高素质。学校管理者会发现提高素质后,别人对其评价会更高,管理效能得到极大提升,那么学校管理者提高素质的自觉性便会大为增强,并在实践中积极实施。

学校管理者要用合适的方法提高素质。有些方法对别人可能很适用,但对自己可能不适用。因此,适合自己的方法,不是一开始就有的,必须要学校管理者在实践中不断探索,不断总结经验教训,才能找到。

可以参考的方法有:

(1) 对自己的综合素质进行评价,并找到需要完善之处。如何对自己的综合素质进行评价?首先,他人的评价能够让我们了解自己的素质状况,并找到素质需要完善之处。他人一般是熟悉自己的领导、同事、朋友、亲人。其次,反射性评价能够让我们知道自己的素质状况,并找到素质需要完善之处。反射性评价是指依据别人如何对待自己来了解自己。再次,自我观察和自我反省能够让我们知道自己的素质状况,并找到素质需要完善之处。最后,社会比较能够让我们知道自己的素质状况,并找到素质需要完善之处。我们可以和自己相似的人作比较,然后对自己有进一步判断。

(2) 多阅读有助于提高学校管理者素质的材料。对学校管理者来说,多阅读有助于提高学校管理者素质的材料,可以使人更好地进步。如有的学校管理者人际沟通能力有待于进一步提高,则需要读一些人际沟通方面的材料;有的学校管理者管理理论欠缺,则要读一些管理理论方面的材料。这些材料可以是纸质书籍及刊物、电子书籍及刊物或网页、博客等。

(3) 接受教育培训与交流。教育培训与交流是学校管理者利用各种专业的机构、平台、资源等来增强自己素质的途径。如学校管理者可以脱产攻读学位,在职攻读学位,进行成人教育学习、短期培训班集中学习、视频培训学习,还可以参加相关的会议、讲座等。总之,学校管理者通过接受各种教育培训与交流,增强理解和充分运用,有效地提高自己的素质。

(4) 在实践中提高自身的学校管理者素质。在各种实践中,学校管理者会发现自己的不足,需要在实践中提高自身的素质。这种实践可以是工作实践,也可以是非工作实践。在工作实践和非工作实践中,学校管理者可以通过实践效果知己不足,努力完善自己,提高自身素质。在工作实践和非工作实践中,学校管理者也可以通过与人交往,提高自身素质。"三人行,必有吾师焉。择其善者而从之,其不善者而改之"。学校管理者倘若积极与人交往,可以在与人交流中增加自己的知识,拓宽自己的思路,在实践中付诸实施,久而久之,也能提高自身的学校管理者素质。在与人交往中,学校管理者一定要向优秀的人看齐。学校管理者要学习优秀者的为人处世的方式、工作方式以及优秀素质,以提高自己的素质。当然,优秀者可以是身边的人,也可以是当代社会精英,甚至是历史人物。

(5)要善于自我反思和总结优化管理者自身素质的方法、效果。有些方法可能对别的学校管理者有效果,但对自己效果不大;同时学校管理者的工作行为影响的不仅是自己,还有众多的教职员工,甚至整个学校。因此,学校管理者要经常反思和总结优化管理者自身素质的方法和效果,以此提高学校管理者的管理水平和管理效能。自我反思和总结可以让学校管理者的自我实践经验从感性认识更好地发展到理性认识,以便让完善化的理性认识更好地指导实践,找到优化自身管理者素质的效果较好的方法。

(6)要善于监督和激励。第一,善于自我监督和激励。当学校管理者在完善素质时,要时常监督自己和提醒自己——"素质还需完善,自己还需努力";当学校管理者在完善素质有一定效果时,要给自己一定的奖励(如增加休闲活动);当学校管理者在完善素质的效果不明显时,要给自己一定的惩罚(如减少休闲活动)。第二,善于让别人监督和激励自己。当学校管理者在完善素质时,要时常让别人监督自己和提醒自己——"素质还需完善,否则工作效果较差";当学校管理者在完善素质有一定效果时,要让别人表扬自己;当学校管理者在完善素质的效果不明显时,要让别人批评自己。

6.2 提高高校教师的教学效能感

教学效能感高的高校教师对自身教学能力的信心很强,对教育的作用深信不疑,能够较好地调控自己的情绪,不满足于现状,不断提高自身素质,以积极的态度投入教学工作,敢于承担难度较大的任务,敢于尝试新的教学方法,促使教师的教学能力和教学业绩不断得到提高。同时这种效能感一般也会迁移到教师的其他工作中,让教师的整体业绩提高,教师的总体工作满意度会自然而然提高。因此,高校教师的教学效能感会影响其工作满意度。若要提高高校教师工作满意度,可以通过提高其教学效能感来实现。高校教师的教学效能感的提高必然会促进其工作满意度的提高。

6.2.1 高校教师努力提高自己的教学效能感

1. 高校教师应进行职业生涯规划,设定和努力实现教学成长计划

为更好地进行教书育人工作,提高自己的教学效能感,高校教师应进行职业生涯规划。

职业生涯规划,是根据职业生涯目标而设计个人所欲达成目标的过程,并依此而处理未来职业生涯的事务。高校教师进行职业生涯规划,就是高校教师事先决定在职业生涯过程中,应做哪些事以及如何去做的过程。职业生涯规划是高校教师在依据自己的职业生涯目标,充分运用自我能力或潜能与各种资源,以实现自我的职业生涯目标。作为一名教学工作者,高校教师应在进行职业生涯规划时,坚定自身的教育信念,充分意识到教育、教学工作的重要性,增强自己在教育、教学工作中的自豪感与责任感,以更好地进行职业生涯规划和执行职业生涯规划,同时有利于自己积极有效地开展工作,促进自己教学效能感的提升。

高校教师进行职业生涯规划,必然会根据自己的教学能力、教学风格、优缺点等,设定自己的教学生涯目标。那么,高校教师会根据自己的教学生涯目标,设定教学成长计划。而随着教学成长计划中分阶段目标的不断完成,高校教师的教学经验与教学能力不断增长,必将大大提高自己的教学效能感。因此,高校教师进行职业生涯规划,会大大提高自己的教学效能感。

2. 高校教师能对自己的教学工作敏锐地洞察,并经常进行教学反思

教学活动是一个动态变化的过程,在这个活动过程中,高校教师与学生之间既有知识、信息的传递也有情感、心理的交流。在教学活动过程中,高校教师只有在教学目标的指引下,对教学活动中各种因素持续地加以关注、洞察,才能应对教学活动过程中的各种需要,进而有力地推动教学活动的进行。故教学洞察力实质上要求高校教师具备对学生以及教学情境等相关要素高度的洞察力,以明确教学活动各要素的动态变化及其原因,以便及时创造有利的条件和适宜的环境服务于自己的教学和学生的学习,以及能灵活根据教学情境的变化采用合适的策略进行调控,从而提高教师教学与学生学习的质量。

高校教师应对自己的教学工作,如教师教学能力、教学风格、教学优缺点、学生学习态度、学生听课注意力、学生学习动力与兴趣等有敏锐的洞察,这样才能更好地提升自己的教学质量,提高自己的教学效能感。高校教师主要通过自我评价、学生评价、同行评价等方式对自己的教学工作状况进行评价。

高校教师对自己的教学工作状况能够洞察之后,就要寻找问题原因及解决之道。高校教师需要经常进行教学反思。教学反思是高校教师教学活动中的一个重要部分,高校教师对教学活动各方面及整体进行综合分析,并结合同行专家、学生等听课人士反馈的信息对自己的教学行为进行完善,从而提升教学能力和改善教学水平。叶澜感慨道:"一个教师写一辈子教案难成名师,但若坚持写三年教学反思则有可能成为名师。"因为教学反思可以让高校教师知道自己的不足之处,并探寻有针对性的方法进行完善,长此以往,高校教师的教学水平和教学效能感会得以提高。因此,教学反思是高校教师教学发展的重要途径,也是提升高校教师教学效能感的重要途径。

高校教师如何进行教学反思?

在教学前反思,做好教学前的充分准备。高校教师在先前上课教学进度正常的情况下,应根据教学大纲分解到本节课的内容确定教学目标。为提升学生学习效果和教师教学效果,教师应根据之前上课教学时的情况,考虑采取哪些教学手段进行教学最合适,是理论教学、案例讨论、实验教学,还是几种兼而有之等等。总之,高校教师根据以上方面确定了具体的教学方案,使自己对教学有了更好的设计和控制,教学准备能力大为增强,也有了更强的信心,因此教学效能感得以增强。

重视教学即时反思,增强灵活处理教学的能力。在教学过程中,会出现各种意外情况,影响教学目标的完成。这要求高校教师立即对各种意外情况制订并调整策略,对情况及其影响进行反思,以保证教学效果。高校教师应善于在教学过程中进行反思,对意外情况要有心理包容能力,要敏锐地把握各种意外情况信息,思考为何会出现意外情况,以及如何迅速处理,将课堂教学的计划性和灵活性很好地统一起来,以提高对课堂教学的控制能力,教师教学效能感也会得以增强。

突出教学后反思,全面总结教学得失。教学后反思,是在教学完成之后对所有的教学行为进行分析和判断,以及总结经验教训的行为。教学后反思,着重对教学目标完成情况、如何完成目标、行为方式是否合理、有哪些经验教训、如何完善教学行为进行反思。教学后反思,要求高校教师对自己的教学行为进行如实分析和评价,了解自己教学行为的长处和短处,以及如何更好地调整以后的教学行为,能够增强自信,进而提高教师教学效能感。

3. 高校教师应重视教学设计,并贯彻执行

教学是一个复杂的活动,为了有效率地进行教学,高校教师必须要有所准备。其中,教学设计是重要的准备活动。因此,高校教师应重视教学设计,并在实践中贯彻执行,必然有利于提高教师的教学效果,增强教师教学效能感。

高校教师在教学设计时应有全局意识。高校教师应明确本次课在课程中属于什么位置,讲述新课前要复述前面已讲的内容,并导入新课;教学上的目标及重难点是什么,通过哪些手段和方法完成;授课结束时,要总结本次课的内容,并简单介绍下次课的内容,布置预习内容及作业。

高校教师在教学设计时,应有创新意识。高校教师如果没有创新意识,就不会对教学内容进行精心的设计,就不会及时更新教学素材,就不会关注学生学习状态,就不会有意识地提高教学水平,就不会最大化地提高教学效率。因此,高校教师在教学设计时,应有创新意识,别出心裁,有效地提高教学效率。

高校教师在教学设计时,应充分考虑学生的学习兴趣。高校教师的教学设计符合学生的学习需要,学生的学习兴趣浓,学习积极性就会高,教师的教学效率也会提高。如何在教学设计时充分考虑学生的学习兴趣?第一,与学生多沟通,了解学生的学习兴趣。第二,在课程讲授时多联系现实,多阐述如何运用知识。第三,在课程讲授时多选用学生感兴趣的教学素材。第四,在课堂上形成师生、生生多互动的场面,突出学生的教学主体地位,激发出学生的学习兴趣。高校教师在教学过

程中可以采用引导式教学、小组合作教学、情景教学等,让学生在互动中思考,在实践中学习,自己以引领者、辅导者的角色指导学生。如此,高校教师让学生成为课堂的主人,积极投入和参加课堂各种教学活动,摆脱传统课堂的"一言堂"模式,从而激发学生的学习兴趣和学习积极性,消除学生学习中的一些消极情绪,将课堂教学的科学性和艺术性完美结合起来,教学效果得以提升,教师教学效能感也会随之提高。

高校教师在教学设计时,应有意识地培养学生的各项能力。在教学过程中,教师在适合自学和探讨的教学内容处适当讲解引入之后,让学生进行自主学习和探讨,以此培养学生的自学能力和交流能力;教师要求学生在遇到问题时要及时向教师请教,敢于质疑权威和书本,以此培养学生的探究能力和创新能力。

高校教师在教学设计时,应有意识增加实践教学活动。在教学过程中,不少教师喜欢灌输知识,而对如何运用知识的实践教学注重不够,导致学生学习兴趣不够高、学习效果不能达到最优化。因此,在课堂教学过程中,教师应该在教授专业知识的同时,向学生们传授该知识如何在实践中运用及其注意事项,如果条件允许,可以让学生在课堂中实践或模拟实践。如此,学生通过理论学习获得的知识会更加巩固,同时学生运用知识的实践能力也能有所增加,学生学习兴趣、学习效果及教师教学效果都会有所提高。

高校教师在教学设计时,应充分考虑多媒体课件的运用。善于运用多媒体课件可使教师如虎添翼,但对运用不当的教师来说,教学效果则大打折扣。但多媒体教学中容易出现教学重点、难点不突出、教学节奏过快等问题,主观原因是高校教师没有很好诊断自己的教学行为,没有意识到自己的问题,客观原因是多媒体课件本身信息量大,容易出现这样的问题。针对这些问题,如何解决呢?第一,课件制作要简洁,同时为便于学生更好地接受,教学重难点可以制作得更加详细些,其他内容则制作得简略些。第二,有意识地控制节奏,不能让教学节奏过快或过慢,节奏过快学生接受不了,节奏过慢则教学效率低。第三,教师要多问学生意见,如多媒体课件制作如何及在教学中运用如何,以这些意见为基础改进多媒体教学。

4. 高校教师在教学工作中要进行恰当的归因

高校教师在教学工作中,难免有时会出现这样或那样的问题,甚至是挫折。故高校教师应在工作中进行恰当的归因,以平衡自己的心态,找到完善教学工作的方法,必将提高教学效果,从而进一步增强教学效能感。

第一,归因时应有一个平稳的心态。高校教师在归因时应有一个平稳的心态,这样才能客观、实事求是地找到成功或失败的真实原因。高校教师应把教学工作中出现的问题或挫折,与成功一样都视作教学工作中的一部分,只有总结经验教训,在后续教学工作中加以注意和调整,才可以避免同样的问题或挫折;成功时不应过于喜悦,失败时也需要平稳心态,注意总结经验教训,有助于以后取得更大的成功。因此,高校教师无论面对成功还是失败,都应放平心态,客观地进行归因,以增强教学效能感。

第二,恰当的归因。恰当的归因可以让高校教师心平气和,增强信心,有助于教学水平的提升。在进行归因的时候,一些高校教师容易把自己教学效果的好坏归因于课程难度、身心状态、学生、运气、环境等外在的因素,如此归因会导致教师教学效能感的下降。如果把自己教学效果的好坏归因于努力程度、能力水平等内在的因素,就会形成积极的心理暗示,会更加投入到将来的工作和学习之中。教师教学效能感的发展,需要个人进行长期的、连续不断的努力,需要在长期的教学实践基础上掌握一定的知识、技能,并形成相应的教学能力,即教师教学效能感的发展,是在高校教师良好的实践基础上不断发展的。这就必须要求教师保持理性的认识,如实评价自己的教学工作成败,并能客观地归因。如教师要看到教学成败既有"教"的原因,也有"学"的原因;既有主观原因,也有客观原因。这样,教师才能在过去教学成败的基础上成功地发展自我,在成功中增强自己的教学效能感,而这种增强后的效能感又会带来更好的教学效果,从而形成良性的循环。

第三,归因后应根据原因努力完善教学工作,并坚持不懈。高校教师在实事求是地归因后,能使自己心态积极、信心大增。高校教师应根据原因努力完善教学工作,工作时要注意正确的教学方法,同时坚持不懈地努力搞好教学,端正教学态度,充分准备教学内容,增强责任感,教学效果和教师教学效能感终会有所提高。高校教师在教学实践中不断归因,不断完善教学,从而不断提高教学效果和教师教学效能感。

5. 高校教师要全面提高专业素养

高校教师要提高自己的教师教学效能感,就必须要全面提高自己专业素养。只有将自己的专业素养全面提高了,高校教师才能更好地提高自己的工作效率,才能在工作业绩基础上提高自己的教学效能感。在现实中,高校教师如果拥有较高的专业素养,那么工作起来会更得心应手。但有些高校教师缺乏发展专业素养的内在动力和欲望,没有生涯发展的目标,啃老本、啃书本的现象在高校教师课程教学中时有发生,还有些高校教师只注重科研素养的提高和教学知识的获得,而对其他方面,尤其是教学技能的提高重视不足。因此高校教师需要全面提高自己的专业素养。

高校教师的专业素养主要包括教师职业道德和法律规范、学科专业知识和技能、教学知识和技能等。那么,高校教师要如何全面提高自己的专业素养?总的来说,一是要有提高专业素养的意识,才能在实践中化为具体的行为。高校教师要有这样的职业信念:不提高自己的专业素养,就无法胜任与时俱进的教育教学工作。二是要通过有意识地主动学习和参加培训、交流等活动,主动地、自觉地学习新的教育理论、新的教学方法及手段,并在实践中千锤百炼,勇于探索,积累有益的实践经验,提高自己的专业素养。

首先,在教师职业道德和法律规范方面,高校教师要有意识地多关注这两个方面的法律法规和职业要求,多看一些相关事实报道,并针对自己进行深刻反思。如此,高校教师就会对教师职业道德和法律规范非常熟悉,并在工作中严格遵照执行。尤其高校教师在育人过程中,要坚持以促进学生全面发展、使培养的学生符合社会需要为标准;高校教师在教学过程中,要坚持以教师职业道德规范和相应的法律规范严格要求自己。

其次,在学科专业知识和技能方面,高校教师应进一步拓宽自己的知识面和专业技能。高校教师要传授给学生知识和技能,就必须要求自己有更多的知识和技能,才能站得高望得远;高校教师要进一步促进自己的专业发展,就需要改善教师的知识结构和技能结构,促使自己的专业知识和技能进一步"精""尖""深",而不是限于一般性的掌握。因此,高校教师应不断夯实好自己的专业知识和专业技能。第一,高校教师应博览群书,进一步丰富和更新学科知识和技能,掌握学科知识和技能的源来、发展和前沿,理解学科知识、技能和实践关系,注意学科知识、技能在实践中的应用。第二,高校教师应丰富自己的科研知识和技能,提升自己的科研素质,以科研活动的探究意识进一步深挖知识。高校教师的专业知识和技能是长期积累而成的,科学研究是重要来源。认真做好科学研究工作的高校教师一般都思路开阔,具有较强的批判思维和创新意识,能够较好地接纳新知识和创造新知识。如果高校教师不提高自己的科研素质,不从事科研活动,就不能深层次地理解知识,也不能很好地解决学术上的问题,更无法坚持对知识的创新和运用。因此,高校教师应丰富自己的科研知识和技能,提高自己的科研素质,提升自己的科研方法,积极从事科研活动,进一步理解、运用和创新知识。第三,高校教师除了自己学习之外,还可以通过学历提升、到外进修、参加学术讲座、与同行交流和学术交流等进一步提升自己的专业知识水平和专业技能水平。

最后,在教学知识和教学技能方面,高校教师要熟练地掌握教育学、心理学等教育理论知识和教学技能。第一,高校教师要熟练地掌握教育学、心理学等教育理论知识。教育学、心理学等教育理论知识可以为高校教师的教学提供必要的理论依据,现实中有些高校教师这些方面的知识相当贫乏,导致教学实践上容易出现这样或那样的问题,因此,高校教师要熟练地掌握教育学、心理学等教育理论知识,并在实践中很好地理解、运用这些理论知识。第二,高校教师要熟练地掌握教学技能。良好的教学技能是高校教师教学质量的重要保证,现实中有些高校教师的教学技能相当一般,导致教学效果长期不能提高,因此,高校教师要切实提高自己的教学技能。这要求高校教师在教学中不断调整自己的教学行为与策略,还应及时转变传统的以教师为中心的教学观念,学习运用慕课、微课、翻转课堂等新的教学形式,更新自身的教学理论与教学方法,在实践中获取丰富的教学信息,提高自己的教学技能。这些实践可以是自己在课程教学中的实践、观摩学习同行的教学课程、教学专题研讨会、教师之间的相互交流等,高校教师可以通过这些实践总结和借鉴成功经验,吸取失败教训,突破自身教学经验少、教学技能不足的限制,促进高校教师教学经验和教学技能的增长。

在这些技能中,高校教师尤其要培养自己的信息搜集的技能。高校教师的信息搜集的技能是通过各种方法对有关教学信息进行搜集、整理、加工并形成有用信息的技能。当前社会,知识更新换代加快,高校教师传道授业解惑,需要及时搜集信息,以增大课堂信息量,讲解课程前沿知识,有效提高课程教学质量。因此,高校教师需要培养自己的信息搜集的技能。首先,高校教师要有信息搜集的意识。高校教师要增强信息搜集的意识,完善信息搜集的有关知识和技术,提高对信息的敏感度,在上课前充分地搜集相关信息,在课后也可以就课堂不足补充搜集相关信息,提高课程教学质量。其次,高校教师可以通过各类媒体(含网络)、图书馆、教师、同事、学生等渠道进行信息搜集,丰富资料,填充知识,拓展视野。高校教师尤其要充分利用好知网、超星数字图书馆、维普信息资源、万方数据以及国外Springer数据库和Ebsco数据库等各类学术电子数据库。最后,高校教师应对搜集到的信息合理地分类、加工、储存和使用,甚至与其他教师共同分享各自搜集到的信息,切实地提高课程教学质量。

6. 提高个人幸福感

在日常生活和工作中,高校教师可以通过提高个人幸福感,获得愉悦的心情,提高工作效率和成就感,从而提高个人教学效能感。

(1) 加强时间管理

有些高校教师无法有效地进行时间管理,导致学习效率、工作效率和生活效率不高,大大影响了心情,也影响了个人幸福感和教学效能感的提升。因此,高校教师有必要加强自身的时间管理水平。

高校教师进行时间管理的基本原则有:

做符合自己目标的事情。高校教师进行时间管理的目的是让自己在有限时间内实现更多想要实现的目标。高校教师应先确定好自己的目标,并依据事情对目标的重要性排出先后顺序,然后制订一些详细的计划,并依照计划进行。

积极主动。积极主动意味着高校教师不能被动地被时间所支配,而应积极主动地利用时间,使自己的各项工作都能很好地完成。积极主动的原则要求高校教师把精力集中于重要而不紧急的事情,掌握解决问题的主动权,减少自己将来出现重要且紧急的事情的概率,减少自己出现疲于应付的状态,同时使自己以轻松的心态、充足的时间来处理重要而不紧急的事情,也从总体上提高处理事情的效率。因此,高校教师每天留出一些时间处理重要而不紧急的事情,是更好地运筹帷幄,取得支配事情的主动权,心身愉悦,能够积极地面对学习、生活和工作。

事先计划。积极主动的原则要求事情安排要有计划。比如,每天要制作一份计划表,通盘考虑,列出要做的事情和所需要的时间,然后列出具体计划,做到最有效地利用时间。

按顺序处理事情。高校教师应对事情进行分类处理。首先,舍弃不需要的事情,然后把其余的事情排序,以更好地处理重要的事情。重要的事情是值得高校教师做的,对高校教师有着重大的影响,应当有优先处理权。

高校教师进行时间管理时,除了遵循基本原则外,还需要掌握时间管理的技巧。时间管理的技巧有:

改变自己的观念。有人知道自己应该做什么事,但在主观意识上喜欢拖延,是行动上的"矮子"。如,有人认为"这件事虽然必须要完成,但我不喜欢做,所以我不做",致使行动迟迟未进行。这种观点应变成"这件事虽然我不喜欢做,但必须要完成,所以我应马上完成,以让自己能早点结束这种不好的感觉"。当自己有了想法,尽快实施是很重要的。立刻推翻自己的习惯很难,此时需要强迫自己现在去做这件事,同时要想想做此事的好处和不做此事的坏处,那么动力就会增加。

学会列事情清单。应把自己将要做的每一件事情都写下来,这样自己就能更明确自己有哪些事情需要做,同时会产生需要完成事情的紧迫感。

严格规定事情完成期限。应为每件事情设定明确的起止时间,防止自己拖延时间,同时提高处理事情的效率。

善于集中时间处理重要的事。要善于集中时间处理重要的事,要有勇气拒绝不必要的事情。成功者花最多时间做重要的事情,而不是做紧急的事情上,然而一般人都是做紧急但不重要的事情。

同一类的事情最好一次做完,因为重复做一件事情时,会熟能生巧,且较少受其他事情的干扰,效率一定会提高。所以,假如高校教师在批改作业,那段时间都用来批改作业；假如是在备课，那段时间都用来备课。

善于把巨大的任务分成小任务。当面临一项巨大的任务，完成难度、压力很大时，高校教师可以尝试将其分成几项小任务，通过完成各项小任务最终达到完成整体任务的目标。这样做有以下好处：第一，任务被分成几项小任务，每项任务难度相对总体任务会低，那么个体压力及畏难情绪就会降低；第二，小任务容易估计被完成的时间，高校教师易于安排好时间，进一步加强了对时间的控制；第三，每完成一项小任务，高校教师就体验了一次达到小目标的喜悦。

积极利用个人零散时间。应将个人零散时间充分地利用，提高时间使用的效率，同时培养不浪费时间的意识。

依据生物钟安排好自己的时间。应将自己效率高的时间用于重要的事情，以提高处理事情的效率。

统筹安排好工作时间和娱乐休息时间。工作时间和娱乐休息时间的安排是相互作用、相互影响的，工作安排合理就有充分的时间进行娱乐和休息，有了较好的娱乐和休息，高校教师才会有更好的生理状态和心理状态去工作，工作效率、个人幸福感和教学效能感才能提高。因此，高校教师应合理地统筹安排好工作时间和娱乐休息时间，安排工作时间不可过多，否则其工作压力会剧增，影响了工作效率、个人幸福感和教学效能感的提高。同时，预留必要的娱乐和休息时间十分必要，但高校教师常常忽视这些，这容易造成高校教师在执行各项任务时会不断打乱原先的计划，影响工作效率、个人幸福感和教学效能感的提高。

必须留出合适的机动时间。高校教师不应将所有的时间都安排满满的，应留些机动时间用于突发事件的出现。一张留有合适的机动时间的时间表更富有执行性。

评估自己的时间使用情况。高校教师应该详细地记录自己用了多少时间做了多少事情。如此，自己会清晰地发现何事浪费了时间，浪费了多少时间，通过分析才能发觉浪费时间的原因。那么高校教师在以后的时间安排中，将需要完成的事情细致地安排，改善时间使用的方法，以提高自己做事的效率。

(2) 提高人际交往的能力

人际交往的效果影响个人幸福感的高低。第一，人际交往影响个体身心健康状况,从而影响个人幸福感。通常情况下,人际交往越充分,人的精神生活就越愉快。如果一个人通过人际交往能够分享自己的喜怒哀乐,能够被别人理解、接受、信赖和支持,就会产生发自内心的安慰,避免内心出现失落感、孤独感,个人幸福感也会相对较高。如果一个人人际交往较差,情感上就容易出现惆怅、孤独、寂寞、空虚,会带来消极的情绪体验,导致较多出现生理疾病和心理疾病,个人幸福感就会相对较低。第二,人际交往影响个体的自我的认识、完善与发展,从而影响个人幸福感。良好的人际交往可以促进对自我的认识,更清楚地知道自己应该做什么行为,怎么做最有利于个人发展,从而影响个人幸福感;良好的人际交往可以熏陶出良好的个性,可以在潜移默化中促进自我个性的完善,从而影响个人幸福感;良好的人际交往可以学习别人的长处,促进知识的获得,更新思想观念,从而影响个人幸福感;良好的人际交往可以互通有无,克服各自缺陷,取长补短,相互帮助,促进各自事业的发展,从而影响个人幸福感。第三,人际交往直接影响个人幸福感。因为人际交往是个人幸福感内容的指标之一。

那么,高校教师如何提高人际交往的能力,从而促进个人幸福感?

第一,坚持人际交往的基本原则。坚持平等的原则。平等,主要指交往双方态度和人格上的平等,人与人之间的关系是平等的关系。高校教师即使是和学生交往,也不能觉得自己高明,居高临下,颐指气使,否则会丧失自己的威望,甚至使自己被孤立起来;高校教师即使是和领导交流,也不能卑躬屈膝,丧失教师尊严。因此,高校教师要平等待人,既不高看自己,也不能妄自菲薄。

坚持尊重的原则。每个人都希望得到别人的尊重,尊重别人能够得到别人的坦诚、信任等情感,缩短与别人的心理距离。当然,高校教师要想得到别人的尊重,首先要尊重别人。这也要求高校教师在态度和人格上尊重别人,平等待人,礼貌待人,不乱开玩笑,尊重别人的兴趣爱好和生活习惯。

坚持真诚的原则。在人际交往中,只有以诚相待,才能使双方彼此信赖,形成深厚的友谊。坚持真诚的原则,就要求高校教师做到真心关心别人,乐于助人不求回报;对人对事要实事求是,对别人的不足能诚恳批评;赤诚待人,不在背后诽谤人,也不当面奉承人。

坚持宽容的原则。在人际交往中,难免会产生矛盾和冲突。坚持宽容的原则,就要求高校教师在人际交往中做到克制忍让,谦让大度,不计较对方的态度和言辞,容忍别人的错误,给别人改正错误的机会,同时敢于承担自己的责任。宽容不是怯弱、胆小的表现,是有度量的表现,可以获得更多朋友的肯定和信任,有利于改善人际关系。宽容别人是从内心认识到别人与自己的不同,每个人都有自己做事的处境和立足点。当与人交往出现一些摩擦时,如果高校教师能大度地放下自己个人的得失,站在对方的立场和角度,设身处地为他人着想,允许别人犯错误,就能够赢得更多人的好感、信任和支持。

坚持互惠互利的原则。人际交往是以能否满足交往双方的需要为基础。如果交往双方的需要都能获得满足,人际关系才能和谐地发展。如同击掌,只有双手都发出力量才能产生掌声。因此,高校教师在人际交往中应坚持互惠互利的原则,应充分考虑交往对方的需求,合理地满足对方的需求,如此人际交往才会长久。

坚持理解的原则。理解是站在对方的角度了解对方的心境、情感、需要、处境等,并在心理和行为上充分地考虑和关心对方。"千金易得,知己难求",能够理解别人的人容易被人喜欢。"己所不欲,勿施于人",站在别人的角度去想问题,就能更好地理解别人。因此,高校教师在人际交往中应充分地理解别人,尤其是在和学生交往时,更要注意到他们的身心状况。

第二,人际交往中要保持文明得体的举止。文明得体的举止对高校教师来说,不仅是一个人具有良好教养的综合反映,更有助于人际交往,是高校教师职业的应有要求。因此,首先,高校教师应穿戴整齐。整洁的仪表、干净利落的衣着风格能够充分展示一个人的魅力,尤其能够让学生有着良好的视觉印象;其次,高校教师要有优雅的风度。优雅的言谈、文明的举止不仅是人际交往中的礼节性规则,还是源自于内心的真诚和对他人的尊重与关爱,更是高校教师教书育人应有的职业规范。高校教师如果没有优雅的风度,就很难培养出具有优雅风度、合格涵养的学生。

第三,人际交往中应运用积极的心理暗示。高校教师要经常运用积极的言语暗示来增强自己的自信。"我很喜欢与人交流""我的缺点可以改善",这样自信的心态会让自己不惧社会交往的场合,以轻松自在的方式和别人交流,容易提高人际交往的效果。如能心地坦然,减少有先入为主的防御心理,言谈举止便会轻松自在,挥洒自如。

高校教师也可以运用良好的形象暗示来增强自己的自信。高校教师在大脑里将自己想象成善于交际者,这种想象方法可以有效降低防御心理,使得自己言谈举止潇洒自如。

(3) 善于进行心理调节,提高个人幸福感

高校教师在生活、学习、工作中面临各种各样的问题和压力,难免会出现心理异常,这就需要高校教师善于调节自己的心理,以提升个人幸福感。高校教师若能很好地面对生活、学习、工作中各种各样的问题和压力,就能使心情愉悦,信心大增,使教师教学效能感大为增强。

高校教师需要善于进行心理调节。心理调节的方法主要有以下几种:

疏泄法。又叫宣泄法,是指当个体心理异常时,个体把心中的思想、烦恼和痛苦以科学、合适的方法宣泄出来,以缓解或消除个体的心理压力的方法。疏泄法包括写作疏泄法、言语疏泄法(哭、笑、骂、喊、谈等)和行为疏泄法。高校教师无论采取什么样的疏泄法,一是要适度疏泄,过度反而不利于心理健康,二是在采取疏泄法维护自己的心理健康时,不能影响他人合法权益和社会秩序。

转移法。是指当个体心理异常时,个体通过转移注意力达到心态平衡的方法。如高校教师通过忘我的工作和学习让自己繁忙起来,也可以通过参与所喜爱的娱乐活动,达到转移注意力从而让自己的心理平衡。

代偿法。是指当个体心理异常时,个体通过感受得意的事来减轻失意的事所造成的焦虑与不安,利于心态平衡的方法。如高校教师评选优秀教师失败,但想到前不久职称晋升成功了,心里就舒服很多了;高校教师参加此次教学比赛没有拿到奖,但看到了自己不足,知道了努力方向,心态就平衡了。

意控法。是指个体把引起负面情绪的刺激从清醒的意识中剔除,其意在于压抑,不压抑不能缓解,甚至越发泄越厉害的一种调节心态的方法。例如,高校教师遇到非常紧急的事情,就要用意念想着"遇事不能急",以此控制自己的心态。

清醒法。是指当个体理智失控可能引发不当行为时,通过提醒、批评、指点等方式使之清醒的方法。高校教师心理异常时,可以通过与良师益友交流,使自己清醒。别人可以通过提醒、批评让自己知道不足及事情后果,通过指点让自己知道如何做。

遗忘法。是指当心理异常时,个体忘却一些事情,从而达到心态平衡的一种方法。高校教师心理异常时,可以主动忘记一些事情,从而忘却一些痛苦和烦恼,以更好地生活;有些时候,高校教师主动忘却的效果不佳,也可以通过做一些需要大量投入注意力和精力的事情,以更好地忘记一些事情。

中和法。是指当一种情绪过激引起心理失衡时,个体选用与此相反的情绪予以中和的方法。如高校教师情绪悲伤时,可以做一些令自己开心的事情,让自己悲伤的情绪得以中和;当高校教师得奖开心时,要想着自己还有一些不足,以中和自己过于开心、忘乎所以的情绪。

超脱法。是指个体回避客观现实,否认事实存在的一种心理调节方法。因为个体回避问题,没有解决问题,并没有让个体取得进步,所以这是一种消极的心理调节方法。但是对个体来说,此法可起暂时缓解心理冲突的作用。例如,日常生活中,有些高校教师面对问题时经常说:"这不是我的问题。"面临重大损失时,他们经常说:"这是小损失。"高校教师用这样的语言安慰自己,以缓解自己的心理冲突,当然在实践中还需要针对失败原因进一步努力。

升华法。是指将自己负面情绪转化为激励自己努力的积极动力。例如,某高校教师失恋了,非常痛苦,但他没有因此而意志涣散,而把更多的精力投入到工作中,使得工作质量进一步提高。

自我冥想法。是指自我通过语音、凝视、呼吸、身体感觉等方面进行冥想,可以有效缓解负面情绪和压力的方法。高校教师应该选择在一个安静的环境下进行自我冥想,可以冥想到轻松愉快的画面,如美丽的海滩,徐徐清风吹拂树叶,月光温柔地照着大地……

高校教师尤其在教学工作中,会面临各种各样的问题和压力,若能运用好这些心理调节的方法,以更好的心态进行教学,无疑会提高教学效果,增强教师教学效能感和个人幸福感。

(4) 努力工作,享受工作和生活,提高个人幸福感

高校教师应该努力工作,只有努力工作才能取得较好的工作业绩,教学效能感才能提升;只有努力工作才能享受美好的生活,才能提高个人幸福感。

高校教师应享受工作,积极教学,关爱学生,在传道、授业和解惑的工作中获得无比的成就感,充分地体验到自己的价值和工作中的充实感,享受努力工作及其成果带来的乐趣,个人幸福感和教学效能感会明显提高。

高校教师应享受生活。生活之道,在于一张一弛。高校教师工作后,需要在生活中合理释放自己工作中的压力。因此,高校教师需要享受生活。高校教师如何享受生活?第一,承担必要的家务劳动。这是高校教师享受生活的基本条件。在家务劳动中,由于付出而感受到被需要,家庭中的其他成员也会给予其真实的爱。第二,保持良好的生活方式。高校教师保持良好的生活方式,将生活过好,才能享受生活。因此,高校教师应早睡早起,作息制度要规律合理,杜绝酗酒等恶习,一日三餐要按时合理,每天都要锻炼身体,培养良好的兴趣爱好等。这样高校教师压力缓解了,身心健康了,生活舒适了,享受生活了,个人幸福感就提高了,工作精神状态也会大为提高,教学效果和教学效能感便会显著提升。

6.2.2 教师通过培养学生的学习效能感,来提高教师教学效能感

学生学习效能感会影响教师教学效能感。学习效能感高的学生,自信心强,学习积极性高,学习态度好,对学习充满了热情,善于调节自己的心态,积极配合教师的教学,保持乐观的精神面貌,这种积极的学习行为必然会感染其他同学的学习行为,从而给予教师良好的教学体验和情感,使得教师的教学信心倍增,教师教学效能感得到极大提高。

既然学生的学习效能感会影响教师教学效能感,那么该如何培养学生的学习效能感?

第一,构建和谐的师生关系。和谐的师生关系会让学生对教师产生信任感,相信教师会公平地对待以及热爱每一个学生,竭力教好每一个学生,有助于培养学生的学习效能感。这要求教师积极了解每一个学生,理解每一个学生,尊重每一个学生,允许学生对教师的观点有不同的意见,积极鼓励和帮助学生,如此学生才能不怕失败,敢于挑战难度较大的任务,学习效能感逐渐增强。

第二,激发学生的学习兴趣。若学生的学习兴趣强烈,那么学生学习积极性就会增加,即使在面对困难挫折时,也敢于坚强面对,长此以往,学生学习的信心会增强,学习的效果会逐步提高,学习效能感必然会不断提升。由于一些知识的学习比较苦涩难懂,学生学习起来会枯燥乏味。因此,教师应能够联系实践,根据学生的实际,结合图片、音频、视频等进行生动的讲解;在安排教学内容时,应由易到难进行;讲授新内容前应回忆旧知识或以案例引入,激发学生的学习兴趣。

第三,构建师生相互支持的教学氛围。在课堂教学中,学生通过努力取得了一些成绩,作为教师应该肯定学生,学生的自信心大增,学习效能感就会大为增强,学习会更投入,有助于促进成绩的提升,学习效能感会进一步提高;教师即使面对学习能力不强的学生,也不能谩骂、贬低、讽刺学生,否则会造成师生关系紧张,对教师的教和学生的学都会产生不利的影响。在课堂教学中,教师与学生之间应形成相互尊重、相互支持的教学氛围。教师多鼓励、多付出,学生也要多理解、多用功,学生心情愉悦地学习,教师也能更加轻松地教学(许彪,2020),这样才能提高学生学习的积极性和效能感。

第四,让学生对自己进行良好的自我暗示。学生在学习时难免碰上这样或那样的困难和挫折,教师应让学生自我暗示这是一种正常情况,需要平常心对待,只要其认真解决就能克服困难;教师通过表扬那些凭借努力获得成功的学生,让学生对自己暗示,成功必须要通过努力;有学生认为其学习能力差,教师应让学生自我暗示能力可以通过努力来提高。让学生如此进行心理暗示,学生的学习效能感会不断得到提高。

第五,让学生向他人学习,总结经验教训并坚持不懈地努力。学生通过向他人学习来弥补自己的不足,不断总结经验教训与得失,以及通过坚持不懈地努力来取得良好的学习成绩,从而增强学习效能感。

第六,指引学生正确认识自己,设立合理的学习目标。学生只有正确认识自己,才能根据自己的能力设立合理的学习目标。学生设立合理的学习目标,才能有较强的学习效能感,敢于面对合理的学习目标而不是选择回避。教师在指引学生设立合理的学习目标时,要告诉学生应选择比自己能力稍高的目标,这样可以激发自己的潜能,同时可以通过努力实现自己的目标。倘若学生选择超出自己能力范围太多的目标,容易导致失败而丧失学习效能感;倘若学生选择太过容易的目标,即使成功达到目标,也没有充分实现自己的价值,成就感不高,学习效能感不强。

第七,通过提升教师教学效能感来提高学生的学习效能感。教师教学效能感影响学生的学习效能感。首先,教师通过影响学生对学习策略选择的自主性来影响学生的学习效能感。高效能的教师给学生一些指引,让学生敢于自主建构学习策略。这种自主性会提高学生的学习效能感。其次,教师通过影响学生对自我的评价来影响学生的学习效能感。教师对学生的评价以及态度,会影响学生对自己学习的评价,从而影响学生的学习效能感。再次,教师通过影响学生的学习能力来影响学生的学习效能感。高效能的教师不仅有良好的教学能力,是学生学习的指引者,能提供良好的学习方法,还不断学习,给学生树立了学习的榜样,促进了学生的学习能力的提高,从而提高学生的学习效能感。最后,教师通过影响学生的学业成绩来影响学生的学习效能感。高效能的教师对学生充满信心,更加注重对教学情感的投入。学生感知教师信念,能激发学习情绪,督促自我提高学习成绩(余珍,2020),从而提高学生的学习效能感。至于"如何提高教师教学效能感",已经在前讨论,不再赘述。其实,教师教学效能感与学生的学习效能感可以相互影响(学生的学习效能感影响教师教学效能感,在前面已经阐述),两者相互之间可以形成良性循环。

6.2.3 学校应采取多种措施来促进教师教学效能感的提高

教师教学效能感受到多种因素影响,主要有教师自身因素、学生因素和学校因素。学校的基础条件、学风、氛围、人际关系等方面,对于教师的教学效能感会产生很大的影响(肖雁雁,2018)。如果学校物质待遇合理,各种教学硬软件具备,管理制度合理,校风良好,工作氛围和善,人际关系和谐,那么教师工作时会有一个良好的学校环境,促进教师良好的工作状态和工作业绩,有助于良好的教师教学效能感的形成。倘若这些学校因素不能很好地满足教师,教师教学工作不能得到有效支持,那么教师教学效能感必然受到强烈影响。

第一,进一步提高高校教师的物质待遇。物质待遇会影响高校教师的工作积极性。倘若物质待遇不能及时提高,那么有些教师迫于生计压力,可能从事与高校课堂教学无关的工作,影响对课堂教学的教学投入,或者即使不从事与高校课堂教学无关的工作,也容易形成压力和焦虑,从而影响教师教学效能感的提升。因此,学校应进一步提高物质待遇,避免教师为工作之外的事情分心,以更好地提高教师教学效能感。

第二,完善更新教学各种硬软件。高校教师在工作时需要各种硬软件的支持和配合。倘若教学各种硬软件不能很好地支持和配合,教师的教学心态、教学工作及其效果必将受到影响,从而影响教师教学效能感的提升。因此,学校应完善更新教学各种硬软件,在硬件上更需要及时配全、配齐、完善,在软件上更需要及时更新换代,有效支持硬件的使用。如不少教师多媒体制作和运用水平有限,学校应加强多媒体制作技能和运用方面的培训;多媒体教学设备损坏,学校应及时维修和更新,以不影响教师的教学使用;在网络教学成为辅助教学方式的情况下,学校还应对教师进行网络教学的培训,以提高网络教学质量。这些措施都能增强教师的教学质量,提高教师教学效能感。

第三,制订、完善管理制度。高校中如果有合理的管理制度,能够减轻高校教师工作负担,保障教学工作的进行,根据教师的教学业绩来合理分配部分收入和奖惩(其他收入应在科研工作等其他工作上进行合理分配),就会激发高校教师的教学工作积极性,教师的教学投入会增加,促进教师教学效果和教师教学效能感的提高。因此,学校应制订和完善管理制度,以促进教师教学专业化发展和教学的积极性,进一步提高教师教学效能感。

在制订和完善管理制度时,学校管理者应首先了解高校教师的需求和工作状况,合理确定教师教学工作业绩和科研工作业绩之间的比重,适当向教学工作倾斜;再根据学校内外各方面情况制订和完善管理制度;最后,管理制度在实施时一定要对教师做好宣传解释工作。

第四,塑造良好的校风。良好的校风,有助于高校教师教学工作的开展,教师工作的心理状态会保持积极愉悦,教师的教学效果和教学效能感能够得到有效提高。学校应塑造良好的校风,以教师为本,充分地尊重教师,将教学工作当作学校工作的生命线,帮助教师实现自我价值,以进一步提高教师教学效能感。

其中,学校管理者为学校稳定发展,要在学校营造良性竞争的校风,以进一步发挥教师工作积极性,提高教师教学效能感。因此,学校管理者要集思广益,建立和完善竞争和激励机制,让竞争公平、公开、公正,避免恶性竞争引起教师之间的矛盾,形成既有竞争又能合作的良好校风。

另外,学校管理者为促进学校稳定发展,还要在学校营造民主的校风,使教师们敢言敢为、勇于献策,使学校的各项管理行为更有利于发挥教师的教学积极性,提高教师教学效能感。因此,学校管理者要通过制度设计,进一步发挥教代会的作用,促进学校管理的民主化,为广大教师参与学校管理和决策奠定基础。

第五,营造和谐的工作氛围。和谐的工作氛围会让教师如鱼得水,愉悦的身心状态无疑会让教师积极投入工作,教学效果能够得到有力保证,教师的教学效能感也会在不断提高的工作业绩中得到提升。因此,学校应为教师提供成长的机会和平台,提供业务指导和培训进修,促进教师的专业发展;根据教师能力、兴趣爱好等安排合适的教学工作,让教师工作起来有适度压力,但不会觉得难度太大无法胜任而产生过多焦虑;经常对教师进行心理健康方面的讲座和心理咨询活动,帮助教师进行心理疏导,给予教师更多的精神支持和关爱;主动了解高校教师的各方面需求和困难,竭力解决教师的困扰,让教师没有后顾之忧,全心投入工作。

第六,促进高校教师构建和谐的人际关系。和谐的人际关系一方面有助于高校教师在教学工作中保持愉悦的心情,使得其工作状态良好;另一方面有助于群策群力,互相帮助,克服教学工作中的问题。因此,和谐的人际关系会促进教师教学效能感的提高。这要求学校通过各种各样的文体活动,以及通过搭建平台建立教学团队、科研团队进行集体备课、听课评课、公开课、学术研讨交流和合作等集体活动,促进高校教师和谐人际关系的建立,以利于教师教学效能感的提高。

第七,努力提高高校教师的教学能力。一般而言,高校教师如果具有很强的教学能力,那么其对教学的信心就很足,教学效能感就很好,因此学校应通过各种措施努力提高高校教师的教学能力。学校应采取教学导师制,对青年教师和教学相对落后的教师进行教学指导;学校应通过集体备课、听课评课、公开课、教学比赛等多种教学集体活动,让教师多吸取别人之长补自己之短,多反思自己的教学得失,在教学实践中不断提高自己的教学能力。

7
三变量关系的研究结论

7.1 结　　论

（1）高校组织管理气氛、教师教学效能感与教师工作满意度的总体状况较好，但有待进一步提高。

（2）不同学历的教师在管理风格的感知上存在显著差异；学历、教龄在管理风格的感知上存在显著的交互作用；不同职称的教师在以学生为中心效能感上存在显著差异；不同教龄的教师在教育教学效能感上存在显著差异；不同职称的教师在福利收入满意度、进修提升满意度、工作环境满意度及满意度总体上均存在显著差异；不同学历的教师在工作满意度及其因子上无显著性差异；不同教龄的教师在工作满意度及其因子上无显著性差异。

女教师在管理气氛及其各因子的知觉上显著高于男教师；理工科教师在管理气氛及其各因子的知觉上显著高于文科教师。

女教师在课堂管理上的教学效能感显著高于男教师；理工科教师在教育教学实践效能感上显著高于文科教师。

不同性别教师的工作满意度总体上有显著性差异，其中在工作本身、领导管理、人际关系、福利收入的满意度上有显著性差异，均是女性高于男性；不同学科的教师在工作满意度总体及领导管理、人际关系、福利收入、进修提升、工作环境的满意度上均有显著性差异，均是理工科教师高于文科教师。

（3）高校组织管理气氛、教师教学效能感与教师工作满意度三者的总体及各因子相互之间显著相关。

（4）高校组织管理气氛对教师工作满意度的回归显著。管理秩序对工作本身、领导管理、工作环境的满意度均回归显著；管理风格对领导管理、进修提升的满意度均回归显著；管理伦理对工作本身、领导管理、进修提升的满意度均回归显著；管理效能对工作本身、领导管理、人际关系、福利收入、进修提升、工作环境的满意度均回归显著。

高校组织管理气氛对教师教学效能感的回归显著。管理秩序对学生为中心效能感、课堂管理效能感均回归显著；管理风格对教育教学实践效能感回归显著；管理效能对以学生为中心效能感、课堂管理效能感、教育教学实践效能感均回归显著。

高校教师教学效能感对教师工作满意度的回归显著。以学生为中心效能感对工作本身、领导管理、人际关系、福利收入、进修提升、工作环境的满意度均回归显著；课堂管理效能感对领导管理、人际关系的满意度均回归显著；教育教学实践效能感对人际关系、福利收入、进修提升、工作环境的满意度均回归显著。

高校组织管理气氛、教师教学效能感对教师工作满意度的回归显著。

（5）教师教学效能感在高校组织管理气氛与教师工作满意度的部分中介效应显著。

7.2 本书的不足

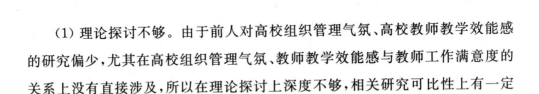

（1）理论探讨不够。由于前人对高校组织管理气氛、高校教师教学效能感的研究偏少，尤其在高校组织管理气氛、教师教学效能感与教师工作满意度的关系上没有直接涉及，所以在理论探讨上深度不够，相关研究可比性上有一定缺陷。

（2）样本地域代表性还不够，样本数量还不够多。由于样本是特殊群体，取样有一定的难度，再加上时间仓促，故样本数量还不够多，涉及全国地域还不够广。

7.3　进一步研究方向

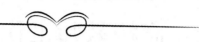

（1）扩大样本容量,提高数据的质量。

（2）通过大量的深入调查,来进一步探讨三者关系。

（3）通过合理的实验来检验本研究涉及的变量关系。

附录　高校教师工作情况的问卷

【总指导语】

各位教师：

你们好！本次测查作无记名回答，本调查是为配合一项科学研究，不涉及任何个人/团体的利益分配或个人/团体的素质评价，对原始资料进行数据统计分析过程中也将严加保密，因此，请如实回答。本问卷共有四个部分，辛苦您完成全部题目，谢谢您的合作！

第一部分(您的基本信息)

学校名称＿＿＿＿＿＿＿＿＿＿＿＿＿＿　　职称＿＿＿＿＿＿

教龄＿＿＿＿＿＿　　性别＿＿＿＿＿＿

学历＿＿＿＿＿＿（大专及以下/本科/硕士/博士，请用"√"勾出所选的一项）

所教学科＿＿＿＿＿＿（文科类/理工科类，请用"√"勾出所选的一项）

第二部分

【指导语】

下面是有关学校情况的描述，根据您所在学校的情况在相应的位置打"√"，请您按真实情况和真实想法认真作答。

题目	程度范围				
	从来不是	很少是	有时是	经常是	频繁是
1. 学校制订各种规章制度,并能有效地贯彻执行。	1	2	3	4	5
2. 学校部门之间各司其职,能够相互配合、协调一致。	1	2	3	4	5
3. 学校没有什么规章制度,凡事决定于长官意志,员工行为自由散漫。	1	2	3	4	5
4. 学校工作有计划、有目标、有步骤,并按计划目标有序严格执行。	1	2	3	4	5
5. 学校有规章制度,且按制度办事,对事不对人。	1	2	3	4	5
6. 领导见到教职员工打招呼,并主动与他们交谈,态度亲切友善。	1	2	3	4	5
7. 当教职员工确有急事,需要向领导请假时,得不到批准。	1	2	3	4	5
8. 学校(学院)领导重视学术交流,邀请专家学者来校/院讲学,并出席或主持交流活动。	1	2	3	4	5
9. 学校领导在做决策的时候,会征求大家的意见。	1	2	3	4	5
10. 有领导在的场合,大家会显得不自然。	1	2	3	4	5
11. 评职晋级时不搞暗箱操作,程序公开透明。	1	2	3	4	5
12. 领导以权谋私,铺张浪费,搞特殊化。	1	2	3	4	5
13. 和领导私人关系亲密的受到照顾或重用,和领导关系疏远的则受到排挤或冷落。	1	2	3	4	5

题目	程度范围				
	从来不是	很少是	有时是	经常是	频繁是
14. 在学校,升职有一系列的规章制度保证,不是领导说了算的。	1	2	3	4	5
15. 教职员工对学校的管理工作是满意的。	1	2	3	4	5
16. 领导善于处理人际关系,让人心服口服。	1	2	3	4	5
17. 大家平时工作和做事拖拖拉拉。	1	2	3	4	5
18. 领导言出必行,干练果断,做事很讲效率。	1	2	3	4	5
19. 学校各级行政人员推诿责任、互相扯皮。	1	2	3	4	5

第三部分

【指导语】

在您认为最符合您情况的相应数字上打"√",4 = 完全符合,3 = 比较符合,2 = 不太符合,1 = 完全不符合。

题目	程度范围			
	完全不符合	不太符合	比较符合	完全符合
1. 教师的社会地位较高,尤其是大学教师。	1	2	3	4
2. 领导能客观公正的评价我的工作。	1	2	3	4

题目	完全不符合	不太符合	比较符合	完全符合
		程度范围		
3. 我很满意我的收入。	1	2	3	4
4. 我的工作使我充满成就感。	1	2	3	4
5. 学校的政策决定总是说一套做一套。	1	2	3	4
6. 学校的晋升机制令员工满意。	1	2	3	4
7. 我所在学校的声誉很好。	1	2	3	4
8. 在本校工作使我的能力得到了充分发挥。	1	2	3	4
9. 我对学校的办公环境很满意。	1	2	3	4
10. 学生的基础素质比较差。	1	2	3	4
11. 有时我也会说说人家的闲话。	1	2	3	4
12. 学校重视教师的个人发展,并能提供很多进修机会。	1	2	3	4
13. 我对领导的工作方式很满意。	1	2	3	4
14. 我觉得本单位的福利制度很规范。	1	2	3	4
15. 工作过于繁重,常常疲于应对。	1	2	3	4
16. 学校职工不论职位高低,都能得到平等地对待。	1	2	3	4
17. 教师提出的合理化建议总能得到落实。	1	2	3	4
18. 学校的职称评聘客观公正。	1	2	3	4
19. 与其他院系教师相比,我觉得自己的薪酬是公平的。	1	2	3	4

题目	程度范围			
	完全不符合	不太符合	比较符合	完全符合
20. 教书生涯使我越来越感到厌倦。	1	2	3	4
21. 我们学校有不错的福利和津贴。	1	2	3	4
22. 有时我真想骂人。	1	2	3	4
23. 同事们和我在工作中有共同的奋斗目标。	1	2	3	4
24. 教室的教学设备条件令师生满意。	1	2	3	4
25. 我多次想到要换个地方工作。	1	2	3	4
26. 共事的人有较强的能力,工作起来很轻松。	1	2	3	4
27. 我的工作能得到上级、同事和学生的尊重与支持。	1	2	3	4
28. 单位评优奖先透明度高,有助于提高工作积极性。	1	2	3	4
29. 图书馆有足够的参考资料。	1	2	3	4
30. 高校对教师越来越高的要求使我感觉压力很大。	1	2	3	4
31. 我和同事之间相处融洽。	1	2	3	4
32. 整体而言,我对目前从事的工作是满意的。	1	2	3	4

第四部分

【指导语】

请您仔细阅读和认真考虑下面的每一句话,在最符合您情况的相应数字上打

"√"(答案只有一个)。请您认真、仔细、如实地回答。

题目	毫无影响	程度范围			
		较小程度上	一定程度上	较大程度大	很大程度上
1. 您能够在多大程度上使班级学习最感困难的学生获得成功?	1	2	3	4	5
2. 您能够在多大程度上纠正学生当中存在的错误观念?	1	2	3	4	5
3. 您能够在多大程度控制学生在课堂上的不认真听课的行为?	1	2	3	4	5
4. 您能够在多大程度上激发那些对所学课程不感兴趣的学生的学习动机?	1	2	3	4	5
5. 您能够在多大程度上使学生相信他们能够圆满完成他们的功课?	1	2	3	4	5
6. 您能够在多大程度上确认您对学生的评价策略准确反映了学生的学习情况?	1	2	3	4	5
7. 您能够在多大程度上开设一些使学生感兴趣的课程?	1	2	3	4	5
8. 学生对您所教课程的理解,您能够评价到什么程度?	1	2	3	4	5
9. 您能够在多大程度上影响您的学生的自律性?	1	2	3	4	5
10. 您能够在多大程度上克服学生对某些特别话题的抵触情绪?	1	2	3	4	5
11. 您能够在多大程度上使学生遵循课程的规定?	1	2	3	4	5

题目	毫无影响	程度范围			
		较小程度上	一定程度上	较大程度大	很大程度上
12. 您能够在多大程度上提高一个失败的学生的认识？	1	2	3	4	5
13. 您能够在多大程度上使一个捣乱的或者吵闹的学生安静下来？	1	2	3	4	5
14. 您能够在多大程度上把您的课程调整到适合于每个个体学生的水平？	1	2	3	4	5
15. 您能够在多大程度上使用多种类型的评估策略？	1	2	3	4	5
16. 您能够在多大程度上改变您的教学策略向您的学生最好地传递信息？	1	2	3	4	5
17. 您在课堂上运用其他备选教学策略的效果怎样？	1	2	3	4	5
18. 您能够在多大程度上使您的学生按时上课？	1	2	3	4	5
19. 您能够在多大程度上使得学生在课上能够彼此尊重？	1	2	3	4	5

参 考 文 献

ARANI A M, ABBASI P, 2004. Relationship between secondary school teachers' job satisfaction and school organizational climate in Iran and India[J]. Pakistan journal of psychological research(19):37-49.

ANDERSSON M, MOEN O, BRETT P O, 2020. The organizational climate for psychological safety: Associations with SMEs' innovation capabilities and innovation performance[J]. Journal of engineering and technology management(55):101554.

ARMOR D, CONROYOSEGUERA P, COX M, et al. ,1976. Analysis of the school preferred reading programs in selected Los Angles minority schools[J]. Santa Monica: Rand Corporation.

ASHTON P T, 1985. Motivation and the teacher's sense of efficacy[M]// C. Ames, R. Ames (Eds), Research on motivation in education: Vol. 2. The classroom milieu. Orlando: Academic Press.

BANDURA A, 1977. Self-efficacy mechanism in human agency[J]. American psychologist (37):122-147.

BRENNAN M D, ROBISON C K, SHAUGHNESSY M F, 1996. Gender comparison of teachers' sense of efficacy[J]. Psychological reports,78(1):122.

CHOI A, 2018. Middle school science teachers' perception on science inquiry teaching efficacy [J]. Journal of the Korean association for science education,38(3):379-392.

HALPIN A W, 1966. Theory and research in administration[M]. New York: The Macmillan

Company.

HE P X, WU T J, ZHAO H D, YANG Y, 2019. How to motivate employees for sustained innovation behavior in job stressors? A cross-level analysis of organizational innovation climate[J]. International journal of environmental research and public health, 16 (23): 4608.

HOLDWAY E A, 1978. Facet and overall satisfaction of teachers[J]. Educational administration quarterly the journal of leadership for effective and equitable organizations, 14 (1): 30-47.

JAMES L R, JONES A P, 1974. Organizational climate a review of theory and research[J]. Psychological bulletin, 81(12): 1096-1112.

KABES S C, 1989. The relationships among teacher satisfaction, school organizational climate and professional growth and development attitudes of high school teachers[J]. Dissertation abstracts international, 50(11): 3432.

KALHOR R, KHOSRAVIZADEH O, MOOSAVI S, et al., 2018. Role of organizational climate in job involvement: A way to develop the organizational commitment of nursing staff [J]. Journal of evidence-based integrative medicine, 23: 1-5.

NATARAJAN R, 2001. School organizational climate and job satisfaction of teachers[J]. Journal of indian education XXVII (2): 139-145.

NEWMAN F M, 1989. Organizational factors that effect school sense of efficacy, community and expectations[J]. Sociology of education (62): 221-238.

OSHAGBEMI T, 2000. Gender differences in the job satisfaction of university teachers[J]. Women in management review, 15(7): 331-343.

TERI EVANS-PALMER, 2010. The potency of humor and instructional self-efficacy on art teacher stress[J]. Studies in art education, 52(1): 69-83.

TIMOTHY A J, 2001. Dispositional and job satisfaction: A review and theoretical extension [J]. Organizational behavior and human decision processes (86): 67-98.

TOPCHYAN R, WOEHLER C, 2020. Do teacher status, gender, and years of teaching experience impact job satisfaction and work engagement? [J]. Education and urban society,

53(2):119-145.

TRENTHAM L, SILVERN S, BROGDON R,1985. Teacher efficacy and teacher competency ratings[J]. Psychology in the schools (22):343-352.

TSCHANNEN-MORAN M, HOY A W, HOY W K,1998. Teacher efficacy: Its meaning and measure[J]. Review of educational research,68(2):202-248.

TUAN H L, YU C C, CHIN C C,2017. Investigating the influence of a mixed face-to-face and professional development course on the inquiry-based conceptions of high school science and mathematics teachers[J]. International journal of science and mathematics education,15(8):1385-1401.

WOOLFOLK A E, ROSOFF B, HOY W K,1990. Teachers'sense of efficacy and their beliefs about managing students[J]. Teaching and teacher education,6(2):137-148.

曹艳琼,2002.澳门小学学校组织气氛与教师工作满意度之研究[D].广州:华南师范大学.

蔡群青,2020.学校组织气氛对中小学教师创造性教学行为的影响[J].中国人民大学教育学刊(1):118-132.

陈凡,2014.大学英语教师工作满意度和教学效能感的关系研究[D].武汉:湖北大学.

陈卫旗,1998.中学教师工作满意度的结构及其与离职倾向、工作积极性的关系[J].心理发展与教育(6):38-44.

陈云英,孙绍邦,1994.教师工作满意度的测量研究[J].心理科学(3):146-149.

程正方,等,1995.关于北京地区中小学组织气氛状况的初步调查报告[J].心理发展与教育(4):32-36.

邓硕宁,张进辅,2007.组织气氛的结构维度与类型[J].中国组织工程研究与临床康复,11(17):3402.

邓卫国,2006.学校组织管理气氛与教师工作绩效的相关性研究[D].长沙:湖南师范大学.

杜冉冉,2016.民办高校教师人性化管理现状调查研究[D].曲阜:曲阜师范大学.

冯伯麟,1996.教师工作满意及其影响因素的研究[J].教育研究(2):42-49.

付暄棋,2015.管理的原则性与灵活性的协调统一思路构建[J].山东社会科学(S1):282-284.

郭睿,2017.对外汉语教师教学效能感、职业倦怠及其关系研究[J].语言教学与研究(2):47-56.

韩延明,1996.管理学新论[M].北京:新华出版社.

花蓉,2006.教师教学效能感研究综述[J].江西教育科研(7):15.

李永进,2016.中学体育教师教学效能感、职业认同和工作满意度的关系研究[D].北京:北京体育大学.

孔明,2008.高校教师教学效能感现状调查与分析[J].高等理科教育(2):144-147.

李晓巍,王萍萍,魏晓宇.2017.幼儿园组织气氛的测量及与教师教学效能感的关系[J].教师教育研究,27(4):60-66,83.

李星,2020.中学生物学教师探究教学效能感现状调查及影响因素分析:以江西省鹰潭市为例[D].南昌:江西师范大学.

李晔,刘华山,2000.教师效能感及其对教学行为的影响[J].教育研究与实验(1):50-55.

刘友女,2007.高校组织气氛与教职工工作满意度关系研究[D].上海:华东师范大学.

马会军,马存芳,2003.论教师教学效能感对师范生自我效能感的影响[J].青海师专学报(5):126-127.

潘孝富,程正方,2001.学校组织健康与学生心理健康的相关性研究[J].心理发展与教育(2):59-64.

潘孝富,孙银莲,2002.中学组织气氛量表的编制[J].湖南师范大学教育科学学报(4):123-126.

潘孝富,2004. 245名教师的scl-90的评定与学校管理气氛的关系分析[J].中国心理卫生杂志(3):175-177.

潘孝富,秦启文,2006.中学组织气氛与教师工作满意度的相关分析[J].心理科学(1):185-188.

史少杰,周海涛,2016.民办高校教师教学效能感及其影响因素分析[J].山东高等教育(10):44-52.

石壮,2010.中学组织管理气氛与教师工作满意度的相关研究[D].石家庄:河北师范大学.

孙将文,2014.对外汉语教师教学效能感与工作满意度调查研究:以云南师范大学为例[D].昆明:云南师范大学.

唐京,应小萍,1996.组织气氛研究若干理论和测量问题述评[J].社会心理研究(2):39-46.

万元婷,2020.西藏中小学教师教学效能与教学效能感研究[D].拉萨:西藏大学.

王靖,2007.高校组织管理气氛与教师工作满意度相关研究[D].重庆:西南大学.

王立国,高畅,2000.试论学校组织气氛对学校管理效能的影响[J].黑龙江农垦师专学报(4):107.

王晓梅,张瑞钦,张燕.2019.中等职业学校教师组织公平感、教学效能感与工作满意度关系的研究[J].教育教学论坛(36):21-22.

韦油亮,张晓玲,2017.不同学历及性别高校教师教学自我效能感调查研究[J].中国高新区(7):68.

温忠麟,张雷,侯杰泰,等.2004.中介效应检验程序及其应用[J].心理学报,36(5):614-620.

辛涛,单继亮,林崇德.1994.教师自我效能感与学校因素关系的研究[J].教育研究(10):16-22.

辛涛,1996.论教师的教学效能感[J].应用心理学(2):43.

肖雁雁,2018.论高校英语教师的教学效能感经验谈[J].教育现代化,5(51):125-126.

谢楠,周涛,邓仁丽.2013.高校护理教师教学效能感现状及其影响因素的研究[J].实用医院临床杂志(2):164-168.

许彪,2020.高职院校学生高等数学课程学习效能感提升研究[J].佳木斯职业学院学报(11):194-198.

薛莲,2005.大学教师效能感的实证研究[D].北京:北京师范大学.

俞国良,1999.专家—新手型教师教学效能感和教学行为的研究[J].心理学探新(2):32-39.

俞国良,罗晓路,2000.教师教学效能感及其相关因素的研究[J].北京师范大学学报(人文社会科学版)(1):73.

于辉,2007.高校教师工作满意度的调查研究[D].长春:东北师范大学.

余珍,2020.提升小学生英语学习自我效能感的研究[D].武汉:华中师范大学.

张丽,2018.高校教师工作满意度影响因素研究[J].山西大同大学学报(自然科学版),34(3):71-74.

张萍,2007.中小学教师教学效能感、工作满意度及其关系的研究[D].芜湖:安徽师范大学.

张跃刚,2005.初中教师教学效能感与学校组织气氛的相关性研究[D].北京:北京师范大学.

赵福菓,李媛.2002.中学教师教学效能感与心理健康水平的相关研究[J].心理科学(6):738-739.

赵国祥,2016.管理心理学:理论、实务、案例、实践[M].大连:东北财经大学出版社.

赵铭锡,2014.农村幼儿园组织气氛与教师工作满意度的关系[J].石家庄职业技术学院学报,26(5):45-49.

赵娜,2009.武汉市特殊学校教师教学效能感、工作满意度、职业倦怠及其相互关系的研究[D].武汉:华中师范大学.

周丽超,2004.高校教师工作满意度的研究[J].天津电大学报(1):35-39.

周艳丽,周珂.2003.河南省高中体育教师工作满意度现状的调查研究[J].广州体育学院学报(4):53-55.

朱永新,2002.管理心理学[M].北京:高等教育出版社.